Este libro le pertenece a

---

una mujer que se deleita en las promesas de Dios.

PROMESAS PODEROSAS PARA TODA MUJER

12 verdades tomadas del Salmo 23 que cambian la vida

Elizabeth George

PATMOS

PROMESAS PODEROSAS PARA TODA MUJER

Miami, Florida, EE.UU.

Originalmente publicado en inglés con el título
Powerful Promises for Every Woman
Publicado por Harvest House Publishers, Eugene, Oregon

Traducción: Silvia Cudich

ISBN: 978-1-58802-730-6

Gracias a ti, Jim George,
mi esposo y amigo,
por tu ayuda, sugerencias,
y guía a lo largo de este proyecto.

Contenido

Una invitación a...

Que su vida cambie para siempre

¿Es usted como la mayoría de las mujeres que necesitan fortaleza, dirección, paz, y esperanza a medida que avanza por la vida? ¡Entonces regocíjese! Dios tiene poderosas promesas justo para usted... y este libro resalta 12 de esas promesas. Prepare su corazón para descubrir verdades que le cambian la vida...

- Sobre la persona y el carácter de Dios
- Sobre la fidelidad de Dios con los suyos
- Sobre las 12 promesas que se encuentran en el amado Salmo 23
- Sobre la aplicación momento a momento de estas 12 promesas a los temas— ¡y pruebas!—de su vida diaria.

¡Ciertamente, usted y yo tenemos la bendición de poseer las promesas de Dios que nos ayudarán cada día y con cada problema con el que nos enfrentemos!

La invito también a beneficiarse del suplemento de *God's Promises for Every Woman Growth and Study Guide*. Este práctico volumen la impulsará por el sendero que la llevará a una mejor comprensión de la provisión completa de Dios para usted. Sus ejercicios prácticos son útiles tanto para el estudio individual como para el estudio en grupo y para las mujeres de todas las edades, ya sean casadas o solteras.

Es mi deseo que el siguiente testimonio, dado por el rey Salomón, se convierta en una verdad para usted como hija de Dios:

No ha dejado de cumplir ni una sola
de las gratas promesas que hizo
(1 Reyes 8.56).

Las promesas de Dios para usted

Como pastor apacentará su rebaño.
ISAÍAS 40.11 RVR60

Yo soy el buen pastor. El buen pastor da su vida por las ovejas.
JUAN 10.11

Podemos dar gracias a Dios, nuestro Pastor, que
Sus cuidados son incesantes,
Su amor es infinito,
Su guía nunca falla, y
Su presencia es eterna.

Elizabeth George

Cada vez que pienso en el Salmo 23, el Salmo del Pastor, me veo al instante transportada a una vi sita que realicé a Oklahoma. Me encontraba allí porque mi padre de 92 años, el único que estaba a cargo del cuidado de mi madre (que tenía 86 años, y que sufría la pérdida de la memoria y que se había quedado ciega) se había caído desde una escalera al piso de cemento en el garaje, mientras que estaba guardando los adornos navideños en el altillo. Con mi papá inmovilizado y recuperándose, mis hermanos y yo nos turnábamos para estar allí y ayudarlos.

En uno de mis turnos, durante una noche serena, me encontraba con mis padres en la sala. Papá estaba mirando un partido de fútbol en la televisión, mamá estaba durmiendo una siestita en el sofá, y yo estaba trabajando sobre la mesa del desayuno, preparando mis lecciones sobre el Salmo 23 para el estudio bíblico de mujeres en nuestra iglesia. Al acomodarme en la silla ya antigua, su crujido despertó a mi madre.

"¿Qué fue eso? — exclamó."

"Soy yo, mamá."

"¿Quién eres tú?"

"Soy Elizabeth Ann."

"¿Qué estás haciendo?"

"Estoy estudiando el Salmo 23."

"¿Y eso qué es?"

"Es el salmo que dice: «El Señor es mi pastor»."

Y entonces, mi querida y dulce mamá, que padecía de la enfermedad de Alzheimer, ¡comenzó a recitar el Salmo 23 de principio a fin en un perfecto inglés digno de la mejor traducción disponible!

El SEÑOR es mi pastor, nada me falta;
En verdes pastos me hace descansar.
Junto a tranquilas aguas me conduce;
Me infunde nuevas fuerzas.
Me guía por sendas de justicia
Por amor a su nombre.
Aun si voy por valles tenebrosos,
No temo peligro alguno
Porque tú estás a mi lado;
Tu vara de pastor me reconforta.
Dispones ante mí un banquete
En presencia de mis enemigos.
Has ungido con perfume mi cabeza;
Has llenado mi copa a rebosar.
La bondad y el amor me seguirán
Todos los días de mi vida;
Y en la casa del SEÑOR habitaré para siempre.

¡Yo estaba tan sorprendida! Imagínense a mi pequeña madre (1,40 m era todo lo que quedaba de ella), ya anciana (86 años), que se había despertado sobresaltado por un ruido, desorientada, sin poder ver nada, y víctima de la demencia senil; y sin embargo, desde su corazón, profundamente guardado allí desde su infancia en otras épocas, brota la elegante simplicidad del Salmo del Pastor.

Luego, después de citar al amado Salmo 23, Mamá pudo, con completa confianza, inclinar su cabeza y... volverse a dormir.

Mis queridas amigas, lo que pude ver en mi madre me demostró lo que las promesas del Salmo 23 le pueden significar a cualquier mujer en cualquier «estación» de su vida. Sé cómo puedo celebrar las verdades simples aunque globales del Salmo 23. Al mismo tiempo, yo pude disfrutar de la enseñanza de esas mismas verdades a mis hijas cuando estaban creciendo. Y sé también cuánto disfrutan ellas cuando se las comunican ahora a sus pequeñitos. Y en esa noche tan especial, junto a mis dulces padres, pude soslayar el alto significado que posee el conocimiento de nuestro Pastor para una persona que está a punto de convertirse en una ciudadana del cielo.

Reflexionando sobre las promesas de Dios

Al comenzar a caminar juntas con el Pastor quisiera hacer una pausa para preguntarles dónde se encuentra vuestra vida en el presente. ¿En qué «estaciones» de la vida se encuentran ustedes?

Primavera - ¿Están al comienzo de la vida? ¿Están saboreando la alegría de un nuevo comienzo y tomando los primeros pasos como cristianas?

Verano - ¿O ya han avanzado con el Señor y llegado al sitio de sabiduría, de un conocimiento floreciente de Aquél con quien andamos por el camino?

Otoño - ¿O acaso vuestra estación es una época magnífica, de ritmo acelerado, que produce gran cantidad de fruto, cosecha, recolección profusa de los beneficios que surgen de un andar íntimo y constante con Dios por un tiempo?

Invierno: ¿O están experimentando el final de aquello que por primera vez no parece tener una nuevo comienzo? ¿Se sienten presionadas a adaptarse a un nuevo sendero que las conduce en una dirección que no habían anticipado ni elegido? ¿Se están aproximando a la siguiente curva en el camino con un cierto temor?

Al escribir hoy estas palabras, ¡me parece como que estuviera caminando por varias estaciones de mi vida al mismo tiempo! En el invierno del dolor y de las pérdidas, mi querido papá falleció (y también lo hizo la madre de mi esposo) y mi madre está internada, ya que no me reconoce para nada. Sin embargo, en la primavera de los nuevos comienzos, les he dado la bienvenida a mis dos primeros nietitos, ¡y hay apenas un mes de diferencia entre ellos! Y entremedio, estoy personalmente deleitándome de una época de gran productividad, ya que dispongo de buena salud y de mucho tiempo para finalmente escribir todo lo que deseo.

Pero yo, así como ustedes mis amigas, necesito las promesas de Dios para las estaciones que estoy experimentando en el presente así como para aquellas que ya he atravesado... y aquellas a las que me tendré que enfrentar con valentía. Podemos agradecerle a Dios, nuestro Pastor, por sus incesantes cuidados, su interminable amor, su dirección infalible, y su eterna presencia. Le podemos agradecer también por las 12 promesas del Salmo del Pastor que nos ayudarán durante todas las estaciones de la vida. Así como nos promete el cuarto verso del Salmo: *Tú estarás conmigo*, mis queridas, durante cada día, a lo largo de todo el camino. Ustedes y yo somos realmente bendecidas porque tenemos al Señor—y a sus promesas— ¡como pastor para todas las estaciones de la vida!

Las Estaciones del Salmista

¿Han sentido alguna vez curiosidad por la vida y las «estaciones» del escritor del Salmo 23? Yo sí. Siempre reviso la contratapa o las solapas de los libros para buscar la información «Sobre el autor». Entienden, antes de leer un libro deseo saber qué requisitos reúne ese autor para escribir sobre ese tema. Bueno, eso es lo que deseo saber en cuanto a este Salmo. Sólo quién es el autor y qué lo faculta para escribirlo.

Un bosquejo biográfico de la vida de David, el escritor inspirado del Salmo 23, revela que David, el salmista de Israel, no sólo conocía las estaciones reconfortantes de la juventud y de la madurez sino también...

- *La estación del rechazo...* cuando fue expulsado de su hogar y del trono

- *La estación del miedo...* cuando tuvo que huir del malvado rey Saúl

- *La estación del desánimo...* cuando a pesar de que era un rey ungido, era un fugitivo sin hogar

- *La estación de la desilusión...* cuando Dios no le permitió construir el templo

- *La estación del sufrimiento...* cuando sufrió la muerte de su hijo recién nacido y fue testigo de la enemistad y de la muerte entre sus hijos.

Lo que es verdad en cuanto a la música, es también cierto en cuanto a David: en cualquier instrumento de cuerdas, son las cuerdas que están más estiradas las que emiten la música más dulce y tocan las canciones más exquisitas. Sí, sólo alguien que haya experimentado la vida y sus dificultades podría haber escrito el Salmo 23...

> Porque el salmo de David no habría sido nunca cantado
> Si el corazón de David no hubiera sido jamás estrujado.[1]

El Salmista

Una rápida mirada a la vida de David revela muchos logros y virtudes. Y lo mejor que podemos decir sobre David es que era *un hombre con una gran fe*. David no sólo era un antepasado de Jesucristo, sino que además fue descrito por Dios mismo como «un hombre conforme a mi corazón; él realizará todo lo que yo quiero» (Hechos 13.22). Mil años más tarde, David, el hombre de gran fe, fue honrado al ser nombrado entre la «Galería de famosos» de Dios que figura en Hebreos 11.

Sí, así como una moneda tiene dos lados, así ocurre con la vida de David. ¿Se dan cuenta? Él era también un *hombre de grandes fracasos*, un hombre que cayó. No sólo cometió adulterio con Betsabé, sino que con absoluta sangre fría hizo los arreglos necesarios para el asesinato de su esposo (2 Samuel 11). Otro de los fracasos de David fue realizar un censo de la gente (2 Samuel 24), desobedeciendo a Dios de manera directa.

Reflexionando sobre las promesas de Dios

A medida que avancemos en el Salmo 23, nos detendremos con frecuencia (como lo estamos haciendo en este momento) para considerar las lecciones de vida que podemos aprender, no sólo del Pastor y del Salmo del Pastor, sino también de la vida de David.

Nuestra breve observación de David, un hombre de fe y de fracasos, nos ofrece instrucciones precisas:

Lección Nº 1: David admitió sus fracasos.

David le confiesa al profeta Natán: «He pecado contra el SEÑOR». Luego recibimos las buenas noticias de que el Señor «ha perdonado» maravillosamente el pecado de David (2 Samuel 2.13). La Biblia pone bien en claro que «quien encubre su pecado jamás prospera; quien lo confiesa y lo deja, halla perdón» (Proverbio 28.13).

Mi estimada amiga, ¿existen pecados en su vida que no haya confesado? Como aconsejó cierta vez el famoso predicador inglés Charles H. Spurgeon: «Vayamos al Calvario para aprender cómo podemos ser perdonados». Ése es un buen consejo para nosotros, los creyentes del Nuevo Testamento. En el Calvario, junto a la cruz de Jesucristo, nos enteramos de que Jesús verdaderamente lo pagó todo—la sanción y el precio total por nuestros pecados. Nuestra responsabilidad es confesar aquellos pecados. La responsabilidad de él es perdonar. Y, mi querida, ¡no existe pecado lo suficientemente grande como para no poder ser perdonado!

Y un pensamiento más: Después de que David admitió su fracaso, el gozo de su salvación fue restaurado, ¡y sus pecados, después de que fueron lavados, quedaron aún más blancos que la nieve (véase Salmo 51)! Esa misma alegría nos aguarda a nosotras cada vez que reconocemos nuestras transgresiones.

Lección Nº 2: David sufrió las consecuencias de su pecado.

A pesar de que Dios lo perdonó a David, éste tuvo que pagar el precio de su desobediencia. Un ejemplo clásico nos enseña una lección sobre las consecuencias del pecado: Podemos insertar clavos en una tabla, y podemos luego quitar esos clavos, pero los agujeros de los clavos—las cicatrices—permanecerán allí. La vida de David fue lastimada por sus errores pecaminosos. Su hijo recién nacido murió, su otro hijo lo traicionó, y su familia se dividió. Sí, ¡no hay duda de que David sufrió por su pecado!

Cuando le hablo a grupos de mujeres, a menudo comparto las conmovedoras palabras de dos autoras que admiro y que toman en consideración la realidad de las consecuencias del pecado en nuestra vida. La primera es Anne Ortlund que escribe: «En mi corazón hay un temor... Yo anhelo ser más y más piadosa cada día. Podemos decir que es «el temor a Dios», el sentir un temor reverencial frente a él y estar, al mismo tiempo, muerta de miedo de cometer un pecado que pueda estropear mi vida».[2]

La otra autora es Carole Mayhall, quien comparte lo siguiente: «A diario vivo con [un] temor—un temor saludable, si es que existe tal cosa. [Es el temor a] perder lo que Dios tiene para mí en esta vida. Y me extiende la mente contemplar todo lo que él desea que yo tenga. No deseo que, por no haberme tomado el tiempo para permitir que él invada mi vida y por no escuchar lo que él me está diciendo, me roben las riquezas de Dios».[3]

Mi querida lectora, unámonos a estas dos mujeres. Compartamos su «temor saludable» a los pecados que nos estropean la vida y que pueden hacer que desperdiciemos lo mejor que Dios tiene para nosotras, además de obstaculizar nuestro deseo de caminar con él por todas sus sendas. Y si usted ya lleva cicatrices por sus pecados, oh, por favor, agradézcale ahora mismo al Señor que le ha obsequiado su inexpresable perdón y le ha brindado la extraordinaria gracia para que usted pueda vivir, de aquí en adelante, sólo para él.

Lección Nº 3: David prosiguió su camino.

Después de la muerte de su hijo, «David se levantó del suelo y en seguida se bañó y se perfumó; luego se vistió y fue a la casa del Señor para adorar... y comió» (2 Samuel 12.20). Un pecador perdonado, el agradecido David pasó a escribir varios de sus más conmovedores salmos, incluyendo los salmos penitenciales, los cuales manifestaban la expresión apasionada de su confesión, un espíritu afligido por un verdadero arrepentimiento, y el brillo fulgurante de la alegría revivida gracias al perdón.

Y por favor note que David no sentía ningún resentimiento en contra de Dios. Aceptó de todo corazón la responsabilidad por sus errores al escribir: «Yo reconozco mis transgresiones; siempre tengo presente mi pecado. Contra ti he pecado, sólo contra ti, y he hecho lo que es malo ante tus ojos; por eso, tu sentencia es justa, y tu juicio, irreprochable» (Salmo 51.3, 4). David reconoció su pecado y consideró que el Señor era «compasivo y justo... todo ternura» (Salmo 116.5).

Estimada amiga, debemos seguir el ejemplo personal de David y continuar después de un período de pecado o de tragedia. Quizás usted necesite...

Levantarse — levantarse del suelo,
Bañarse — lavarse,
Vestirse — cambiarse de ropa,
Mirar hacia lo alto — ingresar en la presencia del Señor,
Orar — pasar un momento en oración y adoración,
Comer — comer un bocado,
Y luego proseguir.

¡Qué maravillosa instrucción y determinación extraemos del ejemplo de nuestro querido David! Verdaderamente nos muestra un modelo para el crecimiento espiritual. Nuestro papel es siempre levantarnos y proseguir la marcha. El rol de Dios es brindarnos su sostén a lo largo del camino... ¡y nos promete que hará precisamente eso!

Y ahora, mi querida amiga lectora, *alcemos* nuestras alabanzas a Dios, *pongámonos de pie*, e *iniciemos* nuestro trayecto con el Señor. Probemos las 12 promesas que él nos ofrece en este breve salmo (¡apenas 101 palabras!) de estímulo y frescura.

1

La Promesa de Dios de Cuidado

El Señor es mi pastor
SALMO 23.1

Yo soy el buen pastor; conozco a mis ovejas, y ellas me conocen a mí.
JUAN 10.14

Cuando nos asalta el miedo causado por las preocupaciones de este mundo, debemos recordar que Dios ha prometido cuidarnos.
Elizabeth George

Nunca jamás se han escrito palabras que contengan tanto consuelo como estas cinco: *El Señor es mi pastor*. Tanto jóvenes como ancianos se sienten aliviados y tranquilos cuando piensan que Dios nos ha prometido ser nuestro pastor personal para cuidarnos a lo largo de todas las pruebas de la vida.

Sé que es cierto, porque yo misma lo he visto.

Cuando mi esposo era el pastor de las personas de edad avanzada de nuestra iglesia, una y otra vez, cuando alguien se estaba muriendo y luego en su funeral, le pedían que leyera el Salmo 23. Mi propio padre, hasta que falleció a la edad de 96 años, amaba el Salmo 23. Y luego, cuando Jim y yo llegamos a su funeral, nos colocaron un pequeño boletín en las manos... y allí estaba—cada palabra y cada versículo (¡y promesa!)

del Salmo 23. Sí, el santo en su lecho de muerte encuentra alivio en las promesas del Salmo 23.

Y, sin embargo, los santos vivos lo aman también. Cuando enseñé este maravilloso salmo en el estudio bíblico de las mujeres en nuestra iglesia, el corazón de mis oyentes se conmovió una vez más al pensar que estaban al cuidado del Señor, nuestro pastor. ¿Qué clase de mujeres había en nuestro grupo?

Había mujeres que no habían tenido la alegría de ser madres, cuyas habitaciones en casa estaban vacías por alguna razón desconocida. Mujeres cuyos nidos habían sido colmados hasta rebosar, que se encontraban atrapadas por el ajetreo diario de la vida hogareña veloz y repleta de tareas. Mujeres cuyos hijos adolescentes necesitaban mucha dirección, pero que sin embargo la rechazaban. Mujeres cuyos hijos, que eran ya jóvenes adultos, estaban tomando algunas decisiones no muy sabias. Mujeres que tenían el desafío de criar a sus hijos solas. Mujeres cuyos hogares estaban repletos de nietos, los cuales estaban a cargo de ellas para su crianza. Mujeres que se enfrentaban a la ansiedad de los análisis clínicos del cáncer, y que luego tenían que ser operadas y recibir quimioterapia. Mujeres con enfermedades mortales y limitaciones físicas. Mujeres cuyos esposos habían sido despedidos de sus empleos. Mujeres que sufrían matrimonios infelices, incluso divorcios. Mujeres (como yo) que estaban cuidando y que habían perdido a sus padres. Mujeres que estaban pasando por el período en que los hijos se van de la casa y que estaban de duelo, que vivían solas. Estas mujeres de toda clase, que estaban pasando por diferentes períodos de la vida, eran mujeres que amaban y que necesitaban (¡desesperadamente!) el cuidado amoroso de nuestro Pastor.

Sí, jóvenes y ancianas, sanas y moribundas, hombres y mujeres—*todos* aman el Salmo 23, ¡el Salmo del Pastor!

El Pastor... ¿acaso se han preguntado ustedes alguna vez cómo se originó la idea de Dios como pastor? Las cinco palabras en español: *el Señor es mi pastor* provienen de dos vocablos en hebreo: *Jehová-rohi*. Estas dos palabras se traducen como «el SEÑOR es mi pastor».

¿Y qué podemos aprender en la Biblia sobre nuestro Pastor, el Señor Dios, y el cuidado que nos ha prometido?

Jehovah-Rohi nos alimenta

Uno de los significados principales de la palabra *pastor* es «alimentar», y estos son algunos de sus usos:

• El relato bíblico de José se inicia cuando él «*apacentaba* el rebaño junto a sus hermanos» (Génesis 37.2).

• Luego, en Egipto, cuando Faraón le pregunta a los hermanos de José cuál es su ocupación, ellos responden: «Nosotros, sus siervos, somos pastores... [y] ya no hay *pastos* para nuestros rebaños» (Génesis 47.3-4).

• Alcanzamos a ver nuevamente a *rohi* cuando leemos que David, el autor del Salmo 23, «había ido y vuelto, dejando a Saúl, para *apacentar* las ovejas de su padre» (1 Samuel 17.15 RVR60).

• Y, por último, en el Salmo del Pastor, leemos las inspiradas palabras de David: «El Señor [Jehová] es mi *pastor*».

Reflexionando sobre las promesas de Dios

Querida, ¡como una de las ovejas de *Jehová-rohi*, usted tiene la promesa de que Dios la alimentará! Usted y yo, como criaturas que necesitamos alimento físico y espiritual, disfrutamos de ambos alimentos de la mano de nuestro Pastor. Él se preocupa por nosotras a lo largo de toda nuestra vida y nos lleva a lugares donde apacentarnos. A través de las circunstancias y de los acontecimientos, él se asegura de que se nos lleve al lugar adonde se nos alimentará—y comeremos lo mejor que él tiene para nosotras.

Yo no soy una pastora, pero trabajé en el Instituto Brandeis que se encuentra ubicado en las laderas de las colinas de Simi Valley en California. Estas colinas exuberantes se encontraban en el sendero de muchos pastores. Allí en el Instituto, la campana en el portón de entrada sonaba con frecuencia en la primavera, cuando otro pastor más solicitaba permiso para apacentar sus ovejas en la propiedad del instituto. Un pastor solícito y responsable había llevado a su rebaño allí para que se deleitara en las laderas con pastos.

Esa clase de cuidados es el rol del buen pastor—y un rol que el Buen Pastor ha cumplido al pie de la letra con nosotros.

Y aquí hallamos otro tierno hecho sobre un buen pastor—cuando no hay pastizales, él mismo recoge el alimento necesario para su rebaño utilizando su cayado para bajar hojas y fresas de los árboles. Luego, ¡les da de comer a sus ovejas directa e íntimamente de su propia mano!

Querida amiga, ¿por qué entonces preocuparnos?

¿Por qué nos preocupamos del alimento y de la ropa? ¿De las finanzas y el dinero? ¿De la seguridad y de las necesidades de la vida? ¡Lo tenemos a *Jehová-rohi*! ¡Nuestro pastor amoroso es el Señor! Cuando nos asalte el miedo relacionado con las preocupaciones de este mundo, debemos recordar la promesa de Dios de que él nos cuida. ¡Y luego tenemos que hacer lo mismo que David, el escritor del Salmo del Pastor (que era un pastor también), y declarar: «Cuando siento miedo, pongo en ti mi confianza» (Salmo 56.3)!

Jehová-rohi nos lidera

Otro uso de la palabra «pastor» en la Biblia es en el sentido figurativo, el cual indica el rol de liderazgo de un príncipe frente su pueblo.

A David, los israelitas le dijeron: «... eras tú quien sacabas a Israel a la guerra, y lo volvías a traer. Además Jehová te ha dicho: Tú *apacentarás* a mi pueblo Israel, y tú serás príncipe sobre Israel» (2 Samuel 5.2 RVR60).

Aun de Ciro, un rey pagano de Persia, Dios dijo: «Yo afirmo que Ciro es mi *pastor*, y dará cumplimiento a mis deseos» (Isaías 44.28).

Dios le prometió a su pueblo: «Les daré *pastores* [príncipes, sacerdotes y profetas] que cumplan mi voluntad, para que los guíen con sabiduría y entendimiento» (Jeremías 3.15).

Reflexionando sobre las promesas de Dios

¡Qué pensamiento glorioso, saber que somos liderados! Ciertamente, nuestro Pastor es un líder tierno, paciente y firme. Y, debido a su carácter, no necesitamos conocer el camino, el plan, ni el futuro. Sólo tenemos que conocer a *Jehová-rohi*, el Dios que promete cuidarnos y liderarnos.

Yo sé como esposa cuán importante es el liderazgo de mi esposo y la seguridad que aporta a mi corazón ansioso el seguirlo. Cuando estoy a punto de desmoronarme, Jim me rodea con sus brazos y me dice: «Todo va a estar bien». Él no me dice *cómo* va a estar bien, ni *cuándo* todo va a estar bien, ni *quién* se va a ocupar de que todo esté bien, ni *qué* es lo que va a ocurrir para lograr que todo esté bien. Sólo me asegura de que todo va a estar bien. Y de alguna manera me siento confortada por el solo hecho de que mi líder terrenal, mi esposo, me lo dice.

Y, mi amiga, lo mismo ocurre con *Jehová-rohi*. Él es nuestro Pastor, nuestro líder celestial. Por lo tanto, no necesitamos ningún detalle. Necesitamos sólo seguirlo, ¡sabiendo que todo va a estar bien!

El Señor nos está liderando—no hay ninguna duda al respecto. Pero usted y yo debemos preguntarnos: « ¿Qué clase de seguidora soy yo?» O quizás: « ¿Cuál de estas tres ovejas soy yo?»

Las ovejas inquietas y descontentas

Éstas son las ovejas que saltan para irse a otros campos, o se trepan a los arbustos y a los árboles inclinados. Y éstas son las ovejas que a veces se caen y se rompen una pata. Éstas son las ovejas nerviosas e insatisfechas que la ocasionan interminables problemas al Buen Pastor.

¿Se describiría a usted misma como una persona tranquila, cómoda y entregada al Pastor? ¿Es usted alguien que confía, y por lo tanto descansa, en el Señor? ¿Es el Señor todo lo que usted necesita? ¿Está satisfecha con no ser nada más que su oveja y alguien que se deleita en lo que él tiene para darle?

Las ovejas mundanas

Muchas ovejas son simplemente terrenales, concentradas en sus propios placeres e intereses egoístas—¡placeres e intereses que nada tienen que ver con el Pastor! Corretean de un arbusto al otro, buscando variedad y probando toda clase de comidas disponibles. Sólo de vez en cuando levantan la cabeza para ver dónde está el Pastor— ¡para tan sólo estar seguras de que no se han alejado demasiado!

Estas ovejas mundanas eligen vivir la vida cerca del mundo en vez de cerca del Pastor. Teniendo escarceos con el pecado y el placer, mordisquean lo que carece de sentido e incluso lo que les puede causar daño. Son partícipes de los caminos del mundo a medida que se alejan más y más del Buen Pastor. Oh, sí, de vez en cuando van a la iglesia... ¡pero luego regresan al mundo, bajando la cabeza (¡y sus normas y sus vidas!) para alimentarse nuevamente de platos inútiles y sin sentido!

¿Cómo podemos nosotras, las ovejas de Dios, asegurarnos una comunión más íntima con él y, de esa manera, no perder el contacto cercano con el Pastor? Como se lamenta el antiguo y exquisito himno: «Propenso a deambular—Señor, lo siento—propenso a abandonar el Dios que amo».[4] ¿Qué podemos hacer para permanecer junto al corazón de Dios?

Respuesta—Cuando vivimos en un mundo saturado por una cultura impía, podemos acercarnos a Dios observando estas prácticas honrosas, probadas e infalibles:

Sigamos al Pastor. Tomemos la decisión de obedecer la Palabra de Dios (Juan 10.27).

Hablemos con el Pastor. Oremos siempre (Salmo 116.1-2).

Escuchemos al Pastor. Saturemos nuestras almas de la Palabra de Dios (Juan 10.2-5).

"Mastiquemos" el alimento del Pastor. Memoricemos y meditemos en su Palabra (Salmo 1.1-2).

Las ovejas devotas

¡Bendita la oveja que no se aparta del Pastor! Todas las ovejas en el rebaño tienen un nombre, y las que lo siguen fielmente responden alegremente cuando el Pastor las llama. Al pasar mucho tiempo ininterrumpido con él, las ovejas que lo siguen de cerca disfrutan la presencia del Pastor y se convierten en sus compañeras. A aquellas que se encuentran cerca de él, les comparte las mejores porciones de alimentos que haya recogido.

Estas ovejas felices y contentas nunca están en peligro. ¿Por qué? ¡Porque se encuentran cerca del Pastor! No se perderán, no se lastimarán ni sufrirán daño alguno causado por las fieras salvajes o los ladrones. ¿Por qué? Una vez más, porque están cerca del Pastor.

¿Y usted, mi querida? ¿Es usted una oveja que permanece junto al Pastor? ¿Se deleita en su compañía? ¿Es usted una de las que sabe que «mi amado es mío, y yo soy suya»? Si es así, ¡entonces él le dará a conocer la senda de la vida, la llenará de alegría en su presencia, y de dicha eterna a su derecha (Salmo 16.11)!

Jehová-Rohi Nos Da Una Advertencia

Otro uso figurativo de *rohi* es en lo que se refiere a la tontería y el juicio. Las Escrituras nos enseñan:

"La boca de los necios se *nutre* de tonterías" (Proverbio 15.14);

Los idólatras «se *alimentan* de cenizas» (Isaías 44.20); y

Dios «*apacentará*» a los pastores falsos «con justicia» (Ezequiel 34.16).

En pocas palabras, se nos advierte que no nos alimentemos, ni seamos partícipes, ni estemos involucrados en actividades que no exalten a Dios.

Reflexionando sobre las promesas de Dios

Amada, cuando usted y yo seguimos de cerca a Dios y nos deleitamos en *él* (¡y no en tonterías ni cenizas!) estamos fuera del juicio de Dios y de los resultados propios de tales alimentos. ¿Se da cuenta? Con *él* encontramos verdadera sustancia y significado real.

Permítame que le cuente una historia—una historia verdadera.

Inmediatamente después de su luna de miel, mi preciosa hija Courtney se mudó con su marido Paul a Kauai, Hawai. Conocida como la «isla jardín», Kauai está muy escasamente poblada y bastante alejada del tráfico del mundo. Casi todo es importado—lo cual significa que Courtney, una ávida lectora, tenía muy pocos libros para elegir (y todavía menos dinero para comprarlos, ya que era una mujer recién casada que vivía en una de las regiones más caras de los Estados Unidos).

Cuando Jim y yo fuimos a visitar a Courtney y Paul a su casa allí en Kapaa en Kauai, me sorprendió descubrir que ella estaba leyendo casi todos los libros escritos por Louis L'Amour. En caso de que no sepa nada sobre Louis L'Amour, él es el escritor más famoso de novelas de vaqueros. Sus libros son buenos, se atienen a los hechos, están bien escritos, y son inocentes (todas las razones por las cuales Courtney había elegido leerlos). Y, como explicó Courtney, estaban disponibles en la biblioteca pública.

Más adelante, cuando regresé al continente, le expresé mi preocupación a una amiga que goza de una gran madurez. Mientras que no hay nada malo con los relatos del Lejano Oeste de Louis L'Amour en sí, yo estaba preocupada de que ellos se convirtieran en su puntal. Las historias de Louis L'Amour *no* son la razón por la cual Jim y yo nos sacrificamos para que nuestras hijas fueran a escuelas cristianas desde el jardín de infantes hasta terminar el colegio secundario, y luego cinco años más de universidad cristiana. Las sagas de Louis L'Amour *no* eran la razón por la cual nos aseguramos de que nuestras hijas estuvieran activamente involucradas en una iglesia sólida, grupos de jóvenes y estudios bíblicos, y *tampoco* eran la razón por la cual nos aseguramos de que, mientras vivieran en casa, comenzaran cada día con la lectura de la Palabra de Dios y en oración.

Bueno, deseo transmitirle algo de la sabiduría que me brindó mi sabia amiga. Ella me preguntó simplemente: «Liz, ¿qué estás haciendo para remediar la situación?»

No tenga ninguna duda de que esa noche, cuando Jim llegó a casa, le compartí lo que ella me había preguntado. ¿Qué estábamos haciendo para remediar la situación? ¡Nada!

« ¿Qué *podemos* hacer?» se convirtió en nuestra oración apasionada.

Al poco tiempo, esa «inquietud» nos llevó a llamarla a Courtney y ofrecerle nuestro número de tarjeta de crédito con un obsequio de $25 por mes para que pudiera elegir libros de un catálogo de libros cristianos. (Oh, sí, ¡Paul también se podía elegir $25 de libros para él!) El hecho de que no hubiera una biblioteca cristiana en Kauai, y de que sólo hubiera unos pocos libros cristianos en las bibliotecas públicas, ¡no significaba que no podíamos ayudar a poner en su hogar y en sus manos y en sus corazones obras cristianas constructivas!

Y así fue como Courtney comenzó a «alimentarse» de algo sustancioso.

Al poco tiempo llegó una carta de Courtney diciéndome que su primera selección eran tres libros de biografías sobre las vidas de Fanny Crosby, Dorothy Carey y Susanna Wesley.

Luego me llegó una llamada diciéndome: «Oh, mamá, ¡no veo la hora de poder conversar sobre la vida de Dorothy Carey contigo!»

Luego otra nota: «Mamá, esto es algo que tú podrías compartir con las señoras a las que enseñas». Era un pasaje de una carta escrita por Susanna Wesley a su famoso hijo, John, el fundador del metodismo:

> Te diré qué regla yo observaba... cuando era joven, y demasiado adicta a las diversiones infantiles, la cual es ésta: Nunca pasar más tiempo en mera recreación

en un solo día que lo que paso en devociones religiosas privadas.[5]

Rapidamente oré: "¡Gracias, Dios mío! ¡Ahora sí estamos en lo correcto! Y ¡gracias también, Señor, por el estimulante mensaje que me ha enviado Courtney de ese maravilloso libro sobre una mujer que también te amaba!"

(Y, al margen, el leer la inspiradora historia de la vida de Fanny Crosby la llevó a Courtney a pedir varios volúmenes sobre los grandes himnos de la fe cristiana y sobre la forma en que fueron escritos.)

Mi amiga, ¿existe alguna situación que necesite «remediar»? ¿Se está usted alimentando de tonterías o hurgando entre cenizas o simplemente husmeando el viento? Dios—*Jehová-rohi*—dice que nos cuidemos de los inevitables tropezones y caídas que sin duda acaecerán. Al mismo tiempo, nos invita a ingresar en la seguridad y el refugio de sus cuidados, el cuidado de *Jehová-rohi*, Aquél que promete alimentarnos y guiarnos.

¿Desea estar a salvo de las influencias, pautas, y deseos del mundo y del cuerpo (1 Juan 2.16)? ¿Del pecado que nos asedia (Hebreos 12.1)? Entonces, querida mía, deléitese en el Señor, en su provisión, en su Palabra. Aliméntese fielmente de las cosas que poseen verdadera sustancia y significado real. Cuando recordamos que «toda la Escritura es inspirada por Dios y útil» (2 Timoteo 3.16) y compartimos esa sustancia divina, entonces nos alimentamos, y somos guiadas... *y* ¡estamos a salvo!

Reflexionando una vez más sobre las promesas de Dios

¡Imagínese! ¡Como una de las preciosas ovejas de Dios, usted es amada y cuidada por el Pastor! Al escribir esas dos palabras hebreas: *Jehová-rohi*, que se traducen como *el* S*EÑOR* *es mi pastor*, las imágenes de David elevan nuestros pensamientos a los aspectos más enaltecidos y tiernos de la naturaleza de Dios. Ningún otro nombre de Dios contiene la intimidad y la tierna amistad de *Jehová-rohi*. Sí, a usted y a mí nos atesoran y nos cuidan—tanto es así que Dios promete guiarnos y alimentarnos. ¡Figúrese! ¡Ser amigas de Dios!

Preciosa amiga, el Señor es su Pastor, y él la cuidará. ¡Es una promesa!

2

La promesa de Dios de provisión

Nada me falta.
SALMO 23.1

Así que mi Dios les proveerá de todo lo que necesiten, conforme a las gloriosas riquezas que tiene en Cristo Jesús.
FILIPENSES 4.19

Introdúzcase en sus situaciones imposibles...
Y salga llena de fe.
Dios no sólo la lidera y la cuida,
Sino que provee para usted también.
Donde Dios nos guía, él provee.
Por lo tanto, nunca le faltará... ¡nada!

Elizabeth George

El año 2000.

Quizás recuerden el año 2000, o Y2K como se lo llamaba en inglés, una consigna creada para demarcar la entrada de l a humanidad al siglo veintiuno, al año 2000. Creada originalmente para advertir a todos que prepararan sus computadoras y sistemas de negocios para la nueva fecha, uno de los efectos secundarios del Y2K fue un temor creciente en todo el mundo.

Normalmente, las personas sensatas vendieron todas sus acciones.

Las compras generales sufrieron una caída ya que las personas limitaron sus compran... mientras que subió la venta de armas.

Aun los cristianos (que tienen al Señor, *Jehová-rohi*, como su Pastor) almacenaron comida, acumularon dinero en efectivo, guardaron alimentos y agua en los sótanos de la iglesia, cancelaron los festejos de la Navidad, pospusieron decisiones importantes, y se negaron a tomar compromisos para el año 2000.

Y es también interesante notar que las ventas de libros cristianos sobre temas como oración y las promesas de Dios aumentaron.[6]

La gente, sin duda, se preparó para enfrentar dificultades.

Sin embargo, las dificultades no son exclusivas del nuevo milenio. A lo largo del tiempo, la gente ha sufrido privaciones. La Biblia y los libros de historia están repletos de información sobre depresiones económicas, opresiones sociales, guerras, hambrunas, y desastres. El sufrimiento ha sido un hecho de la vida desde que Adán y Eva desobedecieron a Dios (Génesis 3). Y debido a estas realidades, es fácil comprender por qué nos vemos tan tentados a mirar los corredores del tiempo futuro y sucumbir a la ansiedad, la preocupación, el miedo y la desazón. ¡Simplemente no sabemos cómo haremos para sobrevivir lo que nos espera!

Pero, mis queridas, nuestro maravilloso Dios ya ha mirado los corredores del tiempo futuro... *y* de la eternidad. (Bueno, ¡después de todo son *sus* corredores!) Él ya conoce el plan completo para la humanidad. Y él ya conoce su plan personal para ustedes y para cada uno de sus hijos. ¿Se dan cuenta? Él es el único que conoce el fin desde el principio (Isaías 46.10).

Cuando David, el dulce cantor de Israel, escribió el Salmo 23, un salmo y un canto de alabanza sobre Dios, sobre nuestro increíble Pastor, él escribió...

El Señor es mi pastor, nada me falta.

En el último capítulo aprendimos que «el Señor es mi pastor» es en realidad uno de los nombres de Dios: *Jehová-rohi*. Pero Dios tiene otros nombres. Y el hecho de que David pudiera decir: «nada me falta» nos trae a la memoria otros de los nombres de Dios: *Jehová-jireh*, y otra de las características de Dios: su provisión.

Cuando se unen estos dos aspectos del carácter de Dios: *Jehová-rohi* y *Jehová-jireh*, ellos nos comunican muy claramente que Dios no sólo nos lidera y nos cuida, sino que también provee para nosotros. En otras palabras, donde Dios guía, él provee. Por lo tanto, nada nos faltará... ¡jamás!

Conozcan a Jehová-Jireh

Sin embargo, ¿qué significa *Jehová-jireh*? ¿Y qué significa él para ustedes y para mí?

La mayoría de los nombres compuestos de Dios emerge de un incidente histórico específico, y es en Génesis 22 donde lo encontramos a *Jehová-jireh* por primera vez. Aquí lo vemos proveyendo para su patriarca fiel, Abraham, y para el hijo de Abraham, Isaac. Veamos cómo se desarrolla la escena.

- *El mandato de Abraham*—surgió del cielo directamente de Dios mismo: «Toma a tu hijo, el único que tienes y al que tanto amas, y ve a la región de Moría. Una vez allí, ofrécelo como holocausto...» (versículos 1, 2).

- *La respuesta de Abraham*—fue su obediencia inmediata: «Abraham se levantó de madrugada y ensilló su asno. También cortó leña para el holocausto y, junto con... su hijo Isaac, se encaminó hacia el lugar que Dios le había indicado» (versículo 3), un lugar que se encontraba a unas 60 millas de distancia.

- *El hijo de Abraham*—Isaac tenía una pregunta: Mientras que caminaban con la leña, el fuego y el cuchillo necesarios para matar al animal para el holocausto, Isaac preguntó: « ¿dónde está el cordero para el holocausto?» (versículo 7).

- *La respuesta de Abraham*—reveló su confianza en el Señor: «El cordero, hijo mío, lo proveerá Dios» (versículo 8).

Exactamente, ¿qué fue lo que *Jehová-jireh* proveyó?

Cuando llegaron al lugar del sacrificio, el fiel (¿y acaso tembloroso?) Abraham lo ató a Isaac con una cuerda, lo colocó sobre el altar, y sacó el cuchillo para matar a su único hijo. Mientras Abraham se preparaba para cumplir con la orden de Dios y ofrecer su hijo como un sacrificio, el Ángel del Señor lo llamó desde el cielo: «No pongas tu mano sobre el muchacho, ni le hagas ningún daño... Ahora sé que temes a Dios, porque ni siquiera te has negado a darme a tu único hijo» (versículo 12).

¿Y saben qué es lo que ocurrió después? Dios, *Jehová-jireh*, proveyó un carnero para el sacrificio. Al alzar Abraham la vista, vio un carnero enredado en un matorral por los cuernos, un carnero que él utilizó en lugar de Isaac para el holocausto.

Por eso no debería sorprendernos que Abraham le haya puesto por nombre a ese lugar: «El Señor provee». «En un monte provee el SEÑOR» (versículo 14).

Reflexionando sobre las promesas de Dios

¿Se siente usted alguna abrumada por algo que le hayan pedido los demás que haga o algo que esperen de usted... y sencillamente no puede ver *cómo* le será posible hacerlo?

Yo sé que muchísimas de las mujeres con las que hablo se sienten vencidas por sus tareas (como esposas, madres, hijas, abuelas), sus responsabilidades (en el hogar, en el vecindario, en la escuela, en la iglesia, y aun en el trabajo), y el desafío de mantenerse sanas y bien arregladas.

Pero Abraham nos muestra el camino a seguir:

Él respondió de inmediato al llamado de Dios,
Actuó en obediencia, y
Confió en el Señor.

Y... del otro lado de su fe, de sus acciones de responder, actuar y confiar, se encontraba la provisión de Dios.

Así debe ser con nosotras, también, mi querida amiga. En la Palabra de Dios se encuentran detalladas nuestras «órdenes», nuestras responsabilidades. Y, por supuesto, debemos tener prioridades y planificar y preparar y orar para saber cuál es la mejor manera de obedecer y cumplir los mandamientos de Dios.

Entonces llega el momento en el que debemos actuar. Tenemos que tomar acción aún a pesar de que tengamos dudas al respecto; sin preocuparnos si lo que Dios nos pide tiene sentido o no. Tampoco debe importarnos si parece factible o no, o si nos gusta o no.

¡Sí, la fe tiene que finalmente tomar un paso hacia delante!

El Mar Rojo no se dividió hasta que Moisés levantó su mano y su vara (Éxodo 14.16, 21).

Las aguas del río Jordán no se dividieron hasta que los sacerdotes ingresaron en ellas (Josué 3.13).

La familia de Rajab no se salvó hasta que ella ató el cordón rojo a la ventana (Josué 2.21).

El aceite de la viuda no aumentó hasta que lo derramó (2 Reyes 4.5).

La lepra de Naamán no se curó hasta que se lavó en el río Jordán (2 Reyes 5.14).

En cada una de estas situaciones (y existen muchas más en la Biblia), el milagro ocurrió después de haberse actuado en fe. Y en cada una de esas situaciones, ¡el aprieto era un imposible! ¡Algo absurdo! Y en cada uno de los casos, Dios empujó a sus amados hijos al borde del abismo... hasta que tuvieron que abandonar el sentido común y todo razonamiento y la fe se vio obligada a florecer, hasta que lo que podían «percibir» fue reemplazado por la fe en lo "imperceptible"

De modo que, mi querida, ingrese en su situación imposible... y salga llena de fe. Determine hacer lo que Dios le esté pidiendo... y actúe de acuerdo a lo que le ordena hacer. Entonces conocerá la provisión de Dios.

Dios Provee

Jehová-jireh. Qué reconfortante saber que Dios percibe nuestras necesidades y provee lo necesario para ellas.

Sin embargo, ¿cómo podemos saber que Dios proveerá? Tenemos la *promesa* de Dios (que lo requiere), pero también tenemos la mismísima naturaleza de la *Persona* de Dios (que lo exige). Él es omnisciente. Él todo lo sabe. Y él es todopoderoso. Con Dios, ver es proveer. O, dicho de otra manera:

> En su omnisciencia (su conocimiento absoluto), Dios *conoce* (o ve) nuestras necesidades;
> En su poder, él *puede* proveer; y
> En su bondad, él *debe* proveer para todo aquello que tanto su conocimiento como su sabiduría le indican que son las verdaderas necesidades de su pueblo.

Piensen un poco. Si Dios ve una necesidad en uno de sus hijos y *no* la satisface, eso sería malo, y Dios, de acuerdo con su naturaleza, no puede siquiera concebir el mal (Santiago 1.13). Por lo tanto, con Dios, la "pre-visión" y la "pro-visión" son una misma cosa. Cuando su previsión observa una necesidad, ¡su provisión la satisface!

Reflexionando sobre las promesas de Dios

Acabo de hacer una pausa para hacer una lista de las necesidades de la vida, y confeccioné una lista de necesidades que pienso que es la indicada para la mayoría de nosotras las mujeres.

En primer lugar se encuentra el área física de la vida cotidiana, la necesidad que usted y yo tenemos de alimentos y ropa. Y sin embargo sabemos que la Palabra de Dios nos dice que no debemos preocuparnos de nuestra vida—de lo que habremos de comer o tomar o cómo nos habremos de vestir (Mateo 6.25).

¿Por qué? Porque Dios alimenta a las aves del cielo, y nos alimentará a nosotras también (versículo 26). Y Dios vistió a los lirios del campo, y nos vestirá a nosotras también (versículo 28).

La Biblia describe también la asombrosa (¡y milagrosa!) provisión de Dios para los israelitas mientras deambularon por el desierto durante 40 años. Como afirmó la gente de la época de Nehemías:

> Con tu buen Espíritu les diste entendimiento. No les quitaste tu maná de la boca; les diste agua para calmar su sed. Cuarenta años los sustentaste en el desierto. ¡Nada les faltó! No se desgastaron sus vestidos ni se les hincharon los pies.

Dios, *Jehová-jireh*, proveyó dirección, alimentos, agua, ropa y salud para su pueblo—todo lo que ellos necesitaban— ¡y lo hizo durante 40 años consecutivos! ¡*Eso* es lo que se llama provisión! Y, maravilla de maravillas, «nada les faltó» (lo cual es la misma imagen que tenemos en el Salmo 23.1: «*Nada me falta*»). ¡Ése es nuestro Dios: *Jehová-jireh*!

Luego se encuentra nuestra necesidad por las cosas menos conmensurables de la vida: liderazgo, confort, instrucción, estímulo, protección, amor, seguridad, propósito, afiliación, comunión y amistad. ¡Qué hermoso darnos cuenta de que *Jehová-jireh* nos ha prometido estas cosas también!

Más adelante en el Salmo 23, veremos cómo Dios satisface cada uno de los requisitos de la vida, pero por ahora disfrutemos de estos pensamientos sobre la provisión de Dios del Dr. Harry Ironside, antiguo pastor de la famosa iglesia Moody Memorial en Chicago. Sobre Dios y sus promesas, él escribió lo siguiente: «No me faltará...

... descanso, porque él me hace descansar.

... lozanía, porque junto a tranquilas aguas me conduce.

... restauración, porque me infunde nuevas fuerzas.

... dirección, porque él me guía por sendas de justicia.

... confianza, porque no temeré mal alguno.

... compañía, porque tú estarás conmigo.

... comodidad, porque tu vara y tu cayado me infundirán aliento.

... provisión, porque tú aderezas mesa delante de mí.

... alegría, porque mi copa está rebosando.

... todo en esta vida, porque el bien y la misericordia me seguirán todos los días de mi vida.

... todo en la eternidad, porque en la casa de Jehová moraré por largos días.[7]

"Nada me faltará". Esas palabras de promesa, mi querida, se deberían traducir en nuestro corazón y en nuestra mente como ¡«nada temeré»! ¡Verdaderamente, las promesas de Dios nos proporcionan todo lo que necesitamos, tanto en el presente como en el futuro!

La Provisión de Dios es Visible

Un solo pensamiento más sobre la provisión de Dios.

¿Recuerdan cómo respondió Abraham a la pregunta de Isaac sobre el cordero para el sacrificio? Él dijo: «El cordero, hijo mío, lo proveerá [*Jehová-jireh*] Dios» (Génesis 22.8). Esto es lo mismo que las palabras de Abraham: "En un monte provee el SEÑOR" (versículo 14).

¡Y lo fue! Allí en el monte Moría, el lugar adonde Dios le instruyó a Abraham que sacrificara a su hijo, la provisión de *Jehová-jireh* apareció como un carnero atrapado en los matorrales

¡Qué riqueza extraordinaria poseemos en el carácter de Dios señalado por su título de *Jehová-jireh*! Nuestro pastor *observa* nuestras necesidades y *se ocupa* de ellas. Y cuando *vemos* su provisión, ¡debemos *asegurarnos* de que sea grandemente alabado!

Reflexionando sobre las promesas de Dios

Amada mía, antes de abandonar esta maravillosa revelación sobre nuestro maravilloso Dios, deseo que disfrutemos la plenitud del significado de *Jehová-jireh* de estas otras posibles traducciones del Salmo 23.1 «El SEÑOR es mi pastor, nada me falta»:

El SEÑOR es mi pastor, por lo tanto, no me puede faltar nada.

El SEÑOR me pastorea, nunca estaré en necesidad.

Jehová es mi pastor, no me falta nada.

El SEÑOR me cuida como su oveja; nunca me faltará ninguna cosa buena.

Porque el SEÑOR es mi pastor, ¡tengo todo lo que necesito![8]

Las promesas del versículo 1 del Salmo 23 deberían ser verdades que nos cambian la vida. Debemos insertarlas profundamente en nuestra alma y cuando nos veamos ante alguna necesidad, demos pruebas de una sólida fe confiando, eternamente, en las provisiones que Dios nos ha prometido.

Lo que el famoso predicador inglés G. Campbell Morgan escribió del Salmo 23.1 es cierto: "Éste no es solamente la primera afirmación de esta canción, es su declaración global. Todo lo que sigue a continuación [del versículo 1] interpreta la gloria y la suficiencia del hecho [aquí] declarado. Cuando se dice... el SEÑOR es mi pastor, nada me faltará... se ha dicho todo".[9]

3

La promesa de Dios de Descanso

En verdes pastos me hace descansar.
SALMO 23.2

Vengan a mí todos ustedes que están cansados y agobiados, y yo les daré descanso. Carguen con mi yugo y aprendan de mí, pues yo soy apacible y humilde de corazón, y encontrarán descanso para su alma.
MATEO 11.28-29

¿Qué ocurre cuando nos apartamos del clamor de un mundo pecaminoso e ingresamos en la calma de las verdes praderas de Dios? Experimentamos la misma sensación de rejuvenecimiento, el mismo avivamiento de espíritu, la misma profunda satisfacción que disfrutan literalmente las ovejas que descansan en la presencia de su fiel pastor.

Elizabeth George

Esto no puede ser Los Ángeles!"

Cuando salí de la congestionada autopista estatal en Simi Valley, California, y tomé el angosto camino de asfalto bordeado durante muchas millas de árboles de eucaliptos, cada uno plantado a diez pies de distancia del siguiente, ¡estaba maravillada! Rápidamente desapareció la civilización y me encontré sola en las estribaciones apartadas y hermosas de las montañas de Santa Mónica. Finalmente el camino rural me llevó a la antigua casa de piedra del guarda de la entrada del Instituto Brandeis, adonde tenía una entrevista de trabajo con su director ejecutivo. Toqué el timbre y aguardé. Por último, llegó el encargado de la propiedad y me dejó entrar por el portón. Otro trecho más de media milla, y finalmente llegue al centenario pabellón de caza de piedra que albergaba a las oficinas del Instituto.

¡Me sentí remontada a otra época! ¿O acaso me encontraba en otro país? No lo podía decir. Pero me encantaba lo que veía, y olía y sentía. De inmediato sentí que me estaba relajando aún cuando estaba frente a la tensión propia de una entrevista de trabajo.

Enclavada en un rincón alejado de las frenéticas autopistas, zonas residenciales, y centros comerciales, la hermosura pastoral tranquila de esta región montañosa tan serena me colmaba de paz.

Más adelante, después de que comencé a trabajar en el Instituto Brandeis, su director israelita, Dr. Shlomo Bardin, me contó la historia de este sereno lugar. La comunidad judía de Los Ángeles había escogido específicamente esta región porque les traía recuerdos de su tierra natal en Israel. Sus suaves colinas les recordaban las colinas de Judea en la Tierra Santa. Las montañas, el clima y la vegetación eran también similares. Y así se fundó el Instituto Brandeis. En ese terreno remoto se construyó un centro de retiros al estilo de un kibutz y no tocaron la tierra. Todos los viernes a la tarde antes de la puesta del sol y para alejarse de todo, ellos se acercaban a este maravilloso «segundo hogar» para reflexionar sobre sus tradiciones, para adorar y para descansar.

Tengo que admitir que cada viernes, cuando me despedían temprano antes de que comenzara su culto, ¡mi deseo era poder quedarme yo también allí, y descansar en este lugar tan pintoresco!

¡Ah, descanso! Nuestros cuerpos lo necesitan. Nuestras almas lo codician. Y ahora, al ingresar en el versículo 2 del Salmo del Pastor, nos damos cuenta de que el descanso es otra de las preciosas promesas que nos hace Dios a nosotras, sus preciosas ovejas. *«En verdes pastos me hace descansar»*.

Veamos qué es lo que tiene planeado Dios para nuestro descanso.

El Lugar de Descanso

Primero, existe un *lugar* a donde Dios nos conduce, un lugar de «verdes pastos». ¿Y qué piensan ustedes que se encuentra en esos lugares de delicados pastos donde el Pastor se asegura de que hallemos reposo?

Comida. En las praderas verdes de Dios hay alimentos disponibles en abundancia. Ésa es la imagen que detalla aquí el salmista con su lenguaje descriptivo: una imagen de abundancia y esplendor. Y el buen pastor escoge cuidadosamente un lugar de pastoreo que esté repleto hasta rebosar de pastos frescos, nuevos y tiernos. Su corazón está decidido a encontrar un lugar que contenga suficientes pastos verdes delicados para proveer alimentos, salud y fresca energía a sus ovejas.

Descanso. Cuando las ovejas se echan a descansar sobre los pastos verdes encuentran también reposo. La escena es una imagen de satisfacción y descanso. De calma y contento. De puro gozo. ¡Cuánto desearíamos que el pasto fuera siempre fresco en los días calurosos del clima seco del desierto, proporcionando así el lugar perfecto para que las ovejas encuentren el refrigerio y reposo que necesitan!

Reflexionando sobre las promesas de Dios

Querida mía, como ovejas pertenecientes al Gran Pastor, nosotras podemos también ser partícipes de las verdes praderas. ¿Cómo? Teniendo «momentos de sosiego». Tenemos a nuestra entera disposición al Pastor y su Palabra... ¡con tan sólo echarnos a descansar sobre sus verdes praderas y compartir lo que tiene para ofrecernos! Todo lo que tenemos que hacer es detenernos y disfrutar por largo rato de un descanso en presencia del Señor mientras nos nutrimos con su Palabra.

¿Qué ocurre cuando nos apartamos del clamor de un mundo pecaminoso e ingresamos en la calma de las verdes praderas de Dios? Experimentamos la misma sensación de rejuvenecimiento, el mismo avivamiento de espíritu, la misma profunda satisfacción que disfrutan literalmente las ovejas que descansan en la presencia de su fiel pastor. Por lo tanto, debemos verificar de continuo para estar seguras de que apartamos el tiempo necesario para estar en contacto con la Palabra de Dios, en sus verdes praderas.

Necesario: ¿Piensa usted que los momentos que pasamos con Dios en las verdes praderas de su Palabra son una necesidad absoluta, tanto así como el alimento y el descanso son absolutamente necesarios para las ovejas?

J. I. Packer, autor de *Hacia el conocimiento de Dios*, nos advierte: «Si descuidamos el estudio de la Palabra de Dios nos sentenciamos a trastabillar y cometer errores durante toda nuestra vida, como si anduviéramos con los ojos tapados, sin ningún sentido de la orientación, y sin poder comprender lo que nos rodea».[10]

Sistemático: ¿Pasa con regularidad períodos de tiempo en los pastos verdes de la Palabra de Dios? ¿Es a diario? Cuando piensa con cuánta regularidad y cuán a menudo come alimentos físicos, ¿cómo se compara esto con su ingestión de alimentos espirituales?

Una noche, en un debate de «mesa redonda» que se llevó a cabo en nuestra mesa de comedor, mi esposo, Jim, estaba compartiendo el pequeño folleto *Seven Minutes with God*[11] (Siete minutos con Dios) con un grupo de hombres que eran alumnos en The Master's College. Jim había comprado una copia de este invalorable folleto para cada uno de ellos y los estaba guiando a través de su formato de siete minutos de devociones diarias. Gradualmente los jóvenes comenzaron a sentirse más y más incómodos, hasta que por último uno de ellos se aclaró la garganta y dijo lo que los demás estaban pensando: «Pero, Profesor George, ¿no le parece que siete minutos por día con Dios durante nuestras devociones es algo... digamos... *poco* espiritual?»

Hasta el maestro, mi sabio esposo, respondió a esta pregunta con otra pregunta: «Muy bien, permítanme entonces que les pregunte a ustedes señores: ¿Cuántos de ustedes han pasado una hora en vuestras devociones la semana pasada?» Cuando sólo unos pocos levantaron la mano (¡y mientras los demás bajaban mansamente la mirada hacia las suyas!), Jim continuó: «Ya ven, siete minutos al día con Dios es mejor que ninguno... y siete minutos al día con Dios suman cerca de una hora por semana».

¿Necesita comenzar a alimentarse regularmente con los verdes pastos de Dios? (Y siempre recuerde: ¡un pequeño bocadito es mejor que ninguno!)

Acrecentado: El tiempo que usted pasa en las verdes praderas de las escrituras ¿es cada vez mayor? Por supuesto que Jim no se refería al hecho de que aquellos jóvenes de su grupo de estudio bíblico tenían que *solamente* pasar siete minutos al día con Dios por el resto de sus vidas. No, el tiempo que transcurrimos en la presencia de la Palabra de Dios debería ser cada vez mayor.

De modo que haga lo que dice la escritora Ruth Graham, citando a una de sus traducciones bíblicas favoritas, ¡permítase el lujo! Haga todo lo que tenga que hacer para disponer del tiempo necesario para estar sumergida en la excitante y significativa Palabra de Dios, pero continúe dándose el lujo... y hágalo cada vez más.

¿Cuál de estas etapas describe mejor sus momentos recientes en la Palabra de Dios? 1) *La etapa del aceite de ricino*: lo tomamos como un medicamento; 2) *la etapa del trigo triturado:* es nutritivo pero seco; 3) *la etapa de los duraznos con crema:* lo consumimos con pasión y placer.[12]

¿Y qué pasos podría tomar para llegar a la etapa de los duraznos con crema? ¡Cuánto desearía que pudiéramos adquirir un apetito insaciable por la rica comunión con el Señor por medio de su Palabra, lo cual ninguna otra cosa pudiera satisfacer!

¿No se alegran de que Dios nos proporcione un lugar—sus verdes praderas—para que descansemos y nos alimentemos?

¡Pero hay aún más!

El Plan Para El Descanso

Además de un *lugar* de descanso, podemos también descansar en el *plan* de Dios. En su sabiduría, él planifica (¡y nos garantiza!) que «descansaremos». Hurgando un poco más, nos damos cuenta de que la clase de «descanso» que el Pastor tiene en mente no es una simple pausa nerviosa. No, la idea expresada es la de estirarnos, de distendernos completamente, de reclinarnos. La imagen vívida y sensorial es una imagen plena de alegría y de contento y de satisfacción. Porque entiendan que cuando nos acostamos de esa manera, verdaderamente descansamos. No sólo nos relajamos, sino que cobramos mayor energía.

Recuerdo haber leído la historia de la estadía de Alexander Solzhenitsyn en una prisión rusa. Una de las torturas era no permitirle descansar o sentarse o acostarse durante días enteros. En cambio, lo hacían trabajar sin parar. Recuerdo también que, mientras leía, yo pensaba: «Sin duda *eso* pienso que debe ser la peor tortura: ¡estar completamente exhausto, literalmente muerto de cansancio, y tener que estar de pie sin poder acostarse, estirarse, descansar y recuperarse!»

Pero al estudiar este antiguo salmo familiar, aprendí algunos hechos interesantes sobre la razón por la cual las ovejas no se acuestan.

Razón N° 1: Miedo. La oveja que tiene miedo no se acuesta ni obtiene el descanso que necesita. Leí el ejemplo de un pastor que llevó a su rebaño a un pequeño arroyo que tenía mucho pasto de ambos lados. Sin embargo, el rebaño se negó a acostarse porque había un perro grande al otro lado de la corriente de agua.

Y aún después que el pastor tiró una piedra para asustar al perro, las ovejas no se aflojaban. ¿Qué tuvo que hacer para convencer a las ovejas de que descansaran? El pastor tuvo que caminar al frente de ellas hacia el arroyo. Únicamente la presencia del pastor ahuyentó todos sus temores.

Reflexionando sobre las promesas de Dios

Usted y yo poseemos la presencia del Pastor también, mi querida. Por lo tanto, como dicen las Escrituras: "no temas".

Así que no temas, porque yo estoy contigo;
No te angusties, porque yo soy tu Dios.
Te fortaleceré y te ayudaré;
Te sostendré con mi diestra victoriosa.
(Isaías 41.10)

¡Sé fuerte y valiente! ¡No tengas miedo ni te desanimes!
Porque el Señor tu Dios te acompañará dondequiera que vayas.
(Josué 1.9)

Sean fuertes y valientes. No teman ni se asusten ante esas naciones, pues el Señor su Dios siempre los acompañará; nunca los dejará ni los abandonará.
(Deuteronomio 31.6)

—Yo mismo iré contigo y te daré descanso —respondió el Señor.
(Éxodo 33.14)

¡Con estas poderosas promesas de Dios para fortalecernos, hay esperanza y ayuda para que usted y yo podamos vencer el pánico y la ansiedad y para que se alivie nuestro insomnio! Si esos son sus problemas, memorice estos versículos. Luego, cuando se acueste, podrá descansar en la presencia del Pastor. Y, cuando se levante después de haber descansado, podrá declarar al unísono con David: "Yo me acuesto, me duermo y vuelvo a despertar, porque el SEÑOR me sostiene" (Salmo 3.5).

Razón Nº 2: Hambre. Es un hecho que la oveja que tiene hambre no se acuesta para recibir el descanso que necesita. En cambio, anda inquieta dando vueltas, buscando frenéticamente comida. Por lo tanto, la oveja insatisfecha le suma al problema de la falta de alimento, la falta de descanso. Pierde su fuerza y su vitalidad, y no prospera.

Pero, mi querida, nuestro Pastor alimenta a sus ovejas. Como *Jehová-jireh* («nada me faltará»), él se ocupa de que tengamos alimentos disponibles. Todo lo que tenemos entonces que decidir es alimentarnos... ¡hasta estar llenos!

Reflexionando sobre las promesas de Dios

¡La esposa de mi querido pastor, sabiendo que yo estaba enseñando el Salmo 23, trajo en mano, desde Nueva Zelanda hasta California, un invalorable volumen sobre el pastoreo sólo para mí! Ella había conocido a la viuda del autor, que era un pastor de ovejas, allí en las verdes y ondulantes colinas de la exuberante Nueva Zelanda. En su libro, él comparte esta idea:

> Tantos cristianos intentan satisfacer su hambre... con unos esporádicos minutitos

«alimentándose» del púlpito, de un programa de radio, o de un mensaje de televisión, mientras que otros buscan satisfacer sus necesidades con el libro antiguo y extraño de devociones, o el programa cristiano ocasional. Eso no es suficiente... para brindar sustento diario a nuestras almas necesitadas... Dios nos da sustento a diario, pero debemos planificar para poder ser partícipes de su provisión cada día.[13]

¿Está usted siguiendo al Pastor? ¿Está usted descansando en sus verdes praderas? ¿Se está usted alimentando a gusto con sus provisiones?

Razón Nº 3: Lucha. La oveja que esté involucrada o que sea testigo de una pelea no puede echarse a descansar ni recibir el descanso que necesita. Las peleas entre los miembros de un rebaño les roban a las ovejas el descanso que ellas necesitan ya que, cuando existe alguna tensión o intranquilidad, el rebaño se rehúsa a acostarse, relajarse y descansar.

Reflexionando sobre las promesas de Dios

Considere lo siguiente: Muchos cristianos están cansados y desgastados, no debido a algún conflicto intenso con el maligno, sino a causa de las discusiones entre ellos mismos. Cuando nos damos cuenta de cuánto daño les ocasionamos a los demás con nuestras discusiones y peleas en el hogar y en nuestras iglesias, nos espantamos.

Nuestro principal desafío es que estemos seguras de que no estamos participando en esta clase de peleas en nuestros hogares o iglesias. Usted y yo debemos estar seguras de que no somos el origen de la tensión que experimentan los demás.

Y una cosa más: Cuando nos alejamos de la fricción y de los chismes que producen los demás, podremos disfrutar de nuestro descanso. ¿Por qué elegir alimentarnos de semejante porquería cuando nos podemos alimentar de la belleza del Señor y disfrutar de su santidad? Como sus amadas ovejas, debemos fijar nuestra mirada en él (y no en «ellos») y preocuparnos de atender nuestro principal deber y obra de seguir al Pastor.

El Procedimiento Para Poder Descansar

Entonces, veamos ahora...

Tenemos un *lugar* donde comer con el Pastor (sus *pastos verdes*).

Tenemos un *plan* que nos garantiza que comeremos con él (que *descansemos*).

Y ahora aprenderemos que nuestro Señor tiene un *procedimiento* que garantiza que pasemos tiempo con él: Él nos *hace* descansar... ¡aun cuando no deseemos hacerlo!

El procedimiento que utiliza Dios para *hacernos* descansar es el llamado a confiar en él. ¿Por qué? Porque sólo él conoce el futuro. Sólo él sabe lo que nos aguarda más adelante... lo que se encuentra después de la siguiente curva en el camino... después de la siguiente colina... del otro lado de las verdes praderas. ¿Será un ascenso largo y escarpado? ¿Se angostará el camino que nos lleva por una montaña peligrosa? ¿Nos llevará el sendero al valle de sombra de muerte? ¿Vamos en dirección a un desierto o a una tormenta rugiente?

El Pastor conoce el camino.

Pero también conoce a sus ovejas y sabe qué es lo necesario para prepararlas para que recorran el camino. Y entonces el Pastor nos *hace* descansar para fortificarnos para el largo trayecto. Hace todo lo necesario para asegurarse de que no nos cansaremos, de que no correremos ningún riesgo debido a nuestro cansancio, de que estaremos fortalecidas para emprender todo ascenso extenuante gracias al tiempo que pasamos en las praderas. Con su mirada puesta en el mañana, aquél que es el único que conoce todos nuestros mañanas, nos lidera hoy.

¿Conocen ustedes el resultado del tiempo que hemos pasado en la intimidad de la comunión con el Pastor, apartadas del trajín de lo banal y cotidiano? Como lo afirma el profeta de Dios, Isaías: «Pero los que confían en el SEÑOR renovarán sus fuerzas; volarán como las águilas: correrán y no se fatigarán, caminarán y no cansarán» (Isaías 40.31). Nuestro Pastor lo sabe. Y por lo tanto, todo a lo largo de nuestra vida, él nos *hace* descansar en verdes pastos.

Reflexionando sobre las promesas de Dios

Al reflexionar sobre el procedimiento que utiliza Dios para *hacernos* descansar en sus verdes praderas, pensé en las diversas maneras en que él logra nuestro descanso. Enfermedad, cirugía y convalecencia nos suministran tiempo en presencia de nuestro Pastor. Lo mismo ocurre con el embarazo y el parto. Y también el extremo cansancio nos ubicará sin duda alguna en los verdes pastos del Señor.

Además, otra categoría de tiempo en las praderas del Señor implica que nos ignoren, que no nos tomen en cuenta para servir o ministrar a los demás. En mi caso, la época inicial que pasamos como familia en Singapur como misioneros fue una época semejante.

¿Por qué escogió nuestra iglesia a mi marido para que sirviera en Singapur? Bueno, una razón muy práctica era el Aeropuerto Changi de Singapur, el cual sirve a todas las naciones asiáticas. El avión que llevaba a nuestra pequeña familia, compuesta por cuatro miembros, apenas había aterrizado para depositarnos en tierra cuando mi Jim ya estaba nuevamente en el aire, en camino a otro país. En pocas palabras, ¡el ministerio de Jim «levantó vuelo» antes de que aterrizáramos! Lo invitaban a predicar, a dar charlas, a ministrar, no sólo en las iglesias en Singapur, sino en todos los países vecinos.

¿Pero yo? Yo estaba sentada... y sentada... y sentada un poco más. Sin duda, ¡mi teléfono *no* estaba sonando!

« ¿Por qué, Señor?» oré. « ¿Por qué me pasé todos esos últimos meses preparándome para servirte? ¿Por qué seleccioné cuidadosamente recursos y temas y notas y mensajes educativos para un ministerio para las mujeres aquí?» Mis «por qué» dirigidos al Señor eran incesantes.

¡Claro que el Señor sabía! *Ahora* les puedo explicar por qué mi teléfono estaba tan asombrosamente callado. Mi Pastor omnisciente y sabio me estaba haciendo descansar en sus verdes pastos. Era un descanso forzoso— uno que, en los tres meses que nadie llamó, logró hacer mucho.

Mi familia necesitaba tiempo para adaptarse a la nueva cultura... para adaptarse a vivir en un clima cercano al ecuador... para adaptarse a caminar y a los autobuses y taxis— ¡sin tener nuestro propio automóvil!

Necesitaba tiempo para establecer un hogar para mi familia... para aprender a hacer las compras todos los días a pie en los mercados de alimentos asiáticos... para preparar comidas misteriosas de maneras inusuales.

Mis hijas Katherine y Courtney, que estaban entonces en quinto y sexto grado, necesitaban tiempo para hacer la transición a su nuevo colegio.

Y entonces esperamos. Más bien dicho, ¡*yo* esperé!

Cuando pienso en esos tres meses en las verdes praderas allí en Singapur, le doy gracias a Dios por *haberme hecho* descansar del ministerio, al mismo tiempo que proporcionaba todo lo que mi familia necesitaba. Ellos me necesitaban a mí, ellos necesitaban un hogar, y ellos necesitaban un ancla que les diera estabilidad (¡otra vez yo!)

Otra cosa rara que Dios me dio en ese precioso período de tiempo fue la soledad. Me dio meses de «momentos de quietud» con él. Mi calendario vacío y mi teléfono silencioso y falta de amigos liberaron muchas de mis horas cada día para poder estar... con él.

Esperar. En nuestra sociedad malcriada y que desea todo al instante, nos cuesta mucho esperar. Pero, ¿qué ocurre, mi querida, mientras que usted y yo aguardamos confiadas en el Señor en sus verdes pastos?

Aguardar crea la oportunidad de aprender a confiar en el Señor. Nos vemos obligadas a aceptar el hecho de que él sólo sabe lo que está haciendo.

Aguardar nos hace incrementar nuestra paciencia a medida que aguardamos... y aguardamos... y aguardamos un poquito más... hasta que por último estamos satisfechas de tan sólo estar con el Señor.

Aguardar en la presencia de Dios nos anima a conocerle en formas nuevas, ya que el «tiempo de espera» fuerza la creación de una comunión creativa.

Aguardar nos fortalece para el camino (¡o la carrera o la batalla!) que tenemos por delante. Elías, el profeta de Dios, descansó en sus verdes pastos y durmió y comió y bebió—y luego anduvo durante cuarenta días y cuarenta noches fortalecido por esa época de pastoreo (1 Reyes 19.4-8).

Mi amiga, ¿está usted esperando? Durante su tiempo de espera, le sería útil imaginarse que usted es como un barco en una esclusa. No es que usted no *quiera* avanzar— ¡*no* puede hacerlo! ¿Por qué? Porque se encuentra en una esclusa. Es imposible moverse hacia delante. Pero... *mientras* que usted está en la esclusa... *mientras* que no puede moverse hacia delante... usted se mueve en cambio ¡hacia arriba, arriba, arriba! Ocurre lo mismo con nosotras. Los tiempos de espera nos «encierran» en una vida de estudio, una vida de oración, una vida de largos ratos en presencia del Pastor, una vida de preparación... hasta que nos levantamos y caminamos hacia delante, habiendo recibido de nuestra época de descanso todo lo que necesitamos para el siguiente desafío de la vida.

¡Dé la bienvenida a la espera! No importa qué aspecto tenga ni cómo la haga sentir, nuestros tiempos de espera son los verdes prados de Dios—los pastos para alimentarnos, para refrescarnos, para descansar, para relajarnos, para sanarnos, para prepararnos, para reanimarnos, para tener intimidad con el Señor.

¿No se alegran de que el Señor tenga un *lugar* para que descansemos, un *plan* para nuestro descanso, y un *procedimiento* para asegurarse de que descansemos? Como nos lo aseguran diversas traducciones de esa maravillosa promesa, cuando las entretejemos entre sí: «Él me hace descansar en pastos verdes—donde él crea un lugar de reposo para que yo descanse, y donde me alimentará hasta que quede satisfecha».[14]

4

La promesa de Dios de paz

Junto a tranquilas aguas me conduce
SALMO 23.2

La paz les dejo; mi paz les doy. Yo no se la doy a ustedes como la da el mundo. No se angustien ni se acobarden.
JUAN 14.27

Como un río glorioso es la perfecta paz de Dios...
Ni mayor preocupación, ni sombra de cuidado,
Ni ninguna urgencia toca el espíritu allí.
Cuando permanecen en Jehová, los corazones se ven bendecidos—
Ya que encuentran, como él prometió, perfecto descanso y paz.

Frances R. Havergal[15]

Dios, que nos da su paz, extiende descanso al fatigado y restablecimiento al exhausto. Él desea que nuestras almas estén en paz, y promete lograr esa paz.

Elizabeth George ienen ustedes un lugar ¿Un ienen

Tienen ustedes un lugarfavorito?

¿Un lugar especial que ministra a vuestras almas? ¿Que agudiza vuestros sentidos? ¿Que las estimula de una forma diferente?

Jim y yo hemos encontrado ese lugar donde nos encanta refugiarnos. Y una de las mejores características de «nuestro lugar» es que no tenemos que viajar muy lejos para alcanzarlo. Se encuentra a apenas 45 minutos de nuestra casa, conduciendo hacia el norte por la Pacific Coast Highway (carretera que corre a lo largo de la costa del Pacífico en California).

¿Qué hallamos allí que nos atraiga tanto? Bueno, por supuesto está el inmenso océano Pacífico y su incesante oleaje. ¡Nunca dejamos de caminar por sus playas!

Luego, después de nuestra caminata por la playa, se encuentra el encantador café junto a la gran piscina alimentada por aguas provenientes de una suave caída de agua donde nos gusta compartir algún bocadillo. Ah sí—también hay una fuente que cae como cascada de agua en el centro de la galería donde tomamos nuestro café con un sándwich.

Un cierto día, mientras que estaba pensando sobre nuestro lugar (en realidad, anhelando visitarlo... ¡pronto!), me percaté que el *agua* es el denominador común de todo lo que a Jim y a mí nos gusta hacer y ver. Sí, es el agua. Eso es lo que nos atrae allí. Y una vez que estamos allí, nos calma, nos inspira, nos da energías, y nos ayuda a concentrarnos nuevamente en los planes que Dios tiene para nosotros.

Cuando ustedes y yo echemos hoy una mirada a otra más de las provisiones de Dios para nosotras, sus amadas ovejas, descubriremos la imagen del agua. Y junto a ella, mis queridas, Dios promete que encontraremos la muy ansiada y muy necesaria paz de corazón y de espíritu que tanto anhelamos tener cuando «junto a tranquilas aguas [nos] conduce» (Salmo 23.2).

Las Aguas Tranquilas

Hagamos de cuenta que nos piden que llenemos una encuesta para mujeres. Y supongamos que una de las preguntas es: « ¿Qué es lo que la conduce a buscar paz?» ¿Cómo piensan que contestarían?

Mientras me preparaba para escribir este capítulo, yo misma realicé ese ejercicio. Aquí se encuentran algunas de las respuestas que se me ocurrieron. Veamos cómo se comparan con las de ustedes.

Estar muy ocupada es lo primero en mi lista. Siempre existe una cosa más que debemos hacer, un minuto más en la cocina, una comida más que debemos preparar, una carga más de ropa para lavar, sólo una llamada más de teléfono, sólo una más... Y así, sin parar, sigue la lista de las cosas que debo hacer.

La responsabilidad es lo siguiente. Ya saben, todas esas cosas que recaen sobre los hombros de nosotras, las mujeres. Y las expectativas—no sólo de nosotras mismas, sino también de los demás—de que llevaremos a cabo todo lo que se encuentra en nuestra lista de ocupaciones. Esas exigencias pueden llegar a convertirse en una carga muy pesada.

La tensión es lo siguiente que apareció en mi lista. Cada vez que algo no anda bien en el hogar o en una relación, la tensión y la preocupación nos dejan agotadas.

El ruido se encuentra también en mi lista. El ruido propio del clamor. El ruido de demasiada gente y demasiado tráfico (¡como de diez carriles juntos!). El ruido de los vecinos. El ruido de la gente discutiendo, gritando, gente enojada.

Estoy segura de que ustedes podrán pensar en muchas más situaciones que nos hacen codiciar un momento de paz. Pero justo aquí, en el versículo dos, nos aguardan buenas noticias: *Junto a tranquilas aguas [él] me conduce.*

> *Él* — *Él,* el Pastor, conoce nuestra necesidad de paz y la provee. Él nos ha creado. Él ha planeado nuestro camino, él conoce cada uno de nuestros desafíos, y él provee la paz que necesitamos para cumplir su voluntad para nuestra vida.
>
> *Conduce* — Nuestro Pastor nos conduce sin duda a los lugares donde abunda la paz y se asegura de que la consigamos.
>
> *Aguas Tranquilas*—Él nos conduce junto a tranquilas aguas de descanso y consuelo. Cuando estamos al borde mismo del colapso nervioso, lo último que ustedes y yo necesitamos es el poder amenazador de aguas rugientes y de rápidos estridentes. El Pastor lo sabe. Y por eso nos conduce sabiamente a un lugar de reposo junto a un arroyo callado y tranquilo.

Todas nosotras podemos testificar que cuando nuestra alma se alimenta de una dieta constante de estrés, se seca. Rápidamente nos sentimos vacías y agotadas. Trastabillamos, tropezamos, nos desmoronamos, y juzgamos erróneamente... todo debido al hecho de que necesitamos pasar un rato junto a las aguas tranquilas. Pero, no se desanimen mis queridas: ¡*Junto a tranquilas aguas me conduce!*

Reflexionando sobre las promesas de Dios

¿Ha visitado usted últimamente las aguas tranquilas de la paz y el consuelo de Dios?

Las aguas están allí... esperándola. Y el Pastor está allí también. El refrigerio está allí. La renovación está allí. El consuelo está allí. Y la paz está allí también.

Dios, que nos da su paz, extiende descanso al fatigado y restablecimiento al exhausto. Él desea que nuestras almas estén en paz, y promete lograr esa paz. Oh, querida mía, ¡beba profundamente de él a través de su Palabra! Sea partícipe de ella a menudo. Tenga comunión con él en oración junto a las tranquilas aguas. Permita que él la conduzca allí ahora. Haga que las aguas tranquilas de Dios sean «su lugar».

¡Oh, la belleza del Salmo 23.2! «Junto a tranquilas aguas me conduce». Aquí, la paz que nos integra y que nos armoniza con Dios se caracteriza por el agua fresca, pura. Junto a las aguas tranquilas, disfrutamos el descanso de la paz. Como se ha traducido al versículo dos: «Se elevó mi espíritu y se renovaron mis fuerzas».

Conozcan a Jehová-Salom, el Dios de Paz

Éste me parece un buen momento para observar otra característica y nombre de Dios que se encuentran ilustrados en el Salmo 23. La promesa de Dios en el versículo dos de darnos su paz apunta hacia *Jehová-salom*, que significa «Jehová, mi paz» o «Jehová trae paz». Y, así como hemos visto con los otros nombres que retratan al carácter de Dios—*Jehová-rohi* y *Jehová-jireh*—este nombre deriva del trato de Dios con su pueblo.

A *Jehová-salom* lo encontramos por primera vez en el libro de Jueces cuando el juez reinante, Gedeón, «construyó allí un altar al Señor, y lo llamó 'El Señor es la paz' [Jehová-salom]» (6.24). En esta época de su historia, el pueblo de Dios estaba implicado en un ciclo periódico de pecado. Las cosas iban de mal en peor a medida que...

El pueblo de Dios comenzó a olvidar a Jehová, su Dios.

Se volvieron, en cambio, hacia los dioses de los pueblos que se encontraban a su alrededor.

Por cierto, hubo una época en que cada uno hacía lo que le parecía mejor. (Jueces 21.25)

Por último, el pueblo de Dios se pervirtió con idolatrías y abominaciones.

Como resultado de ellos, perdieron su pureza, prosperidad, libertad y paz.

El pueblo elegido de Dios, la niña de sus ojos, se fue barranca abajo, abajo, abajo. Al poco tiempo, como resultado de su desesperación, emergió un modelo de pecado – castigo – arrepentimiento – liberación. Fue una época de una tremenda oscuridad para los israelitas, una época en la cual se alternaban la prosperidad y la adversidad, el arrepentimiento y el pecado, la liberación y la esclavitud. ¡Definitivamente, en esta alocada existencia parecida a una montaña rusa, no existía paz alguna!

Conozcan a Gedeón, El Juez

Ingresa Gedeón, el quinto juez nombrado por Dios para conducir y liberar a su pueblo.

La primera vez que encontramos a Gedeón, éste se encuentra en su propio lugar oscuro, escondiéndose en un lagar por temor a los madianitas, los enemigos de los israelitas. Gedeón había conseguido juntar un manojo de trigo que el enemigo no había destruido y ahora lo estaba trillando en secreto (Jueces 6.11).

En esta escena oscura, en esta época oscura de la historia de los hijos de Dios, el ángel de Jehová se le aparece de repente, brillante y maravilloso, a Gedeón. El ángel le promete liberación al pueblo de Dios y lo llama a Gedeón para que los lidere.

¡Pobre Gedeón! Él duda. Titubea. Cuestiona. Se pregunta. Recurre a evasivas. Teme.

Pero el Señor lo conduce a Gedeón a las aguas tranquilas y calma sus temores con estas palabras de consuelo: « ¡Quédate tranquilo! No temas. No vas a morir» (6.23).

Luego Gedeón comienza a alabar a Dios. (¿Acaso no harían ustedes lo mismo?) Construye un altar al Señor y lo llama *Jehová-salom*, lo cual significa «El SEÑOR es la paz» (6.24). Este rótulo maravilloso significa la anticipación confiada de Gedeón de la promesa de Dios, no sólo de la victoria, sino también de la paz que tanto habían esperado y que tanto necesitaban.

Reflexionando sobre las promesas de Dios

Por cierto, yo no deseo permanecer en los aspectos negativos, pero aquí podemos aprender una valiosa lección de los israelitas. La falta de paz que ellos experimentaron nos demuestra la importancia de obedecer cuando estamos buscando la paz de Dios. Nuestras «reflexiones sobre las promesas de Dios» han sido oportunidades para detenernos y pensar, y siento que, en este momento, eso es precisamente lo que debemos hacer.

¿Se caracteriza su vida diaria por problemas, caos y desastres? ¿Se siente como que vive bajo una pila de cosas, que está siempre atrasada en todo, que avanza muy poco o nada, que las cosas están siempre fuera de su control y que no están nunca del todo ordenadas? En pocas palabras, ¿está su vida marcada por la paz de Dios o no? ¿Se nota la una ausencia de *Jehová-salom*?

Por supuesto, los acontecimientos y las crisis interrumpen el esquema pacífico de la vida. Sin embargo, también es cierto que nos damos cuenta en lo más profundo de nuestros corazones cuando las cosas no andan bien entre nosotras y el Señor. Sabemos en qué momento nuestros caminos errantes nos conducen a problemas. Si, definitivamente sabemos en qué momento nuestro amor y nuestra obediencia a Jehová están fallando.

¿Por qué no pensar un poco en nuestro andar con el Señor? Como lo garantiza nuestro versículo: *Él nos conduce*. Pero nosotras, querida mía, debemos prestar atención. Él nos conduce, pero nosotras debemos seguirlo.

Y luego reflexione sobre estos pensamientos.

Amar al Señor no es algo emocional; es un compromiso a obedecer sin egoísmos.

John MacArthur

Nuestra parte consiste en confiar completamente en Dios, obedecerle implícitamente, y seguir fielmente sus instrucciones.

V. Raymond Edman

v *El conocer a Dios es experimentar su amor en Cristo, y devolver ese amor en obediencia.*

C. H. Dodd

Reflexionando nuevamente sobre las promesas de Dios

Pero hay otra forma de seguirlo a Dios que no tiene nada que ver con la desobediencia y en cambio se relaciona con la entrega. Ésa era la situación de Gedeón. El temor y la duda lo llevaron a titubear en su compromiso con el Señor. Y el resultado fue la definitiva falta de paz en su vida.

Y, mi amiga, el temor y la duda afectan también a mujeres como usted y como yo. Permítame explicarle...

Cierto año conocí a una señora en el noroeste del Pacífico que estaba luchando con su entrega. En uno de los recreos durante mi seminario, esta querida mujer volcó en mí su problema. No, no había un terrible pecado en su vida. No había áreas de desobediencia. Tampoco se negaba obcecadamente a seguirlo. Simplemente había un desafío personal y serio de vida. Y el negarse a aceptar el desafío le estaba causando evidentemente serios problemas.

El desafío nació el día que esta preciosa hermana en Cristo fue con su esposo a una conferencia sobre misiones. Era una época apasionante para ambos. Pero al final de la conferencia, se le dio a cada persona una simple tarjeta de tres por cinco pulgadas con sólo estas palabras sobre ella:

Cualquier cosa

En cualquier parte

En cualquier momento

Cueste lo que cueste

________________ ________________

(Fecha) (Firma)

El orador en la reunión le solicitó simplemente a la gente que, en oración, firmaran y fecharan la tarjeta que contenía las cuatro frases.

— ¿Querida, me prestas tu lapicera? —susurró el esposo de mi amiga inmediatamente. Cuando ella le dio su lapicera, notó que él no veía el momento de firmar. ¡*Él* no tenía ningún problema en hacerlo!

Oh, pero sin embargo en el corazón de ella se había desatado una lucha. *¿Cualquier cosa? ¿En cualquier par-*

te? ¿En cualquier momento? ¿Cueste lo que cueste? No, ella no podía firmar. Ella tenía que orar. Verdaderamente, el desafío la alteró profundamente... le tocó el alma... ¡y su espíritu estaba perturbado!

Pero mi historia no termina allí... y tampoco termina la de mi amiga. Casi cinco años después, en otra conferencia de mujeres en Washington, adivine quién se me acerco durante el recreo. Esta amiga que tanto había luchado. Sin embargo, esta vez pudo terminar su historia. Ella literalmente brillaba mientras me relataba que, después de siete meses— ¡*siete meses*!—de oración y de agonizar y de examinar su corazón, había finalmente firmado la tarjeta. De hecho, era un tesoro que ella llevaba en su Biblia y que sacó para mostrarme.

Y ahora usted, querida mía. ¿Podría unirse a esta querida santa (¡y a su esposo!) e ir a donde Dios los conduzca? ¿Podría usted firmar las cuatro frases? ¿Podría cantar junto con el escritor del himno: «Donde él me conduzca, yo iré—yo iré con él, con él hasta el final»[16]? (Y bien podríamos añadir *a todas partes*, *en todo momento* y *cueste lo que cueste*.)

El rol de Dios es el de liderarnos. Pero el nuestro, amada amiga, es seguirlo.

De modo que... ¿cómo le va en la siguiente sección? ¿Ha mirado usted de lleno al rostro del maravilloso Pastor y a sus ojos de amor y le ha susurrado: «Verdaderamente, querido Señor, a donde me conduzcas, allí iré»? ¿Expresan estas palabras los sentimientos profundos de su corazón? Y, lo más importante, ¿lo está siguiendo a él? Si es así, entonces usted está verdaderamente disfrutando la promesa de paz de Dios.

Conozcan a Gedeón, El Guerrero

Deseo también que conozcamos el final de la historia de Gedeón. Como bien recordarán, cuando lo encontramos, él estaba escondido en un agujero tratando de trillar un poco de trigo para poder comer sin que lo descubrieran sus enemigos (Jueces 6.11). Es entonces cuando apareció el ángel del SEÑOR...

Con una proclamación: «... salvarás a Israel del poder de Madián» (versículo 14)

Con una promesa: «Tú derrotarás a los madianitas... porque yo estaré contigo» (versículo 16)

Con paz: « ¡Quédate tranquilo! No temas» (versículo 23)

Con poder: « ¡El SEÑOR está contigo, guerrero valiente!» (versículo 12)

¿Y cuál fue el resultado? Estas afirmaciones y dones de Dios hicieron que Gedeón pasara de ser una persona temerosa a convertirse en el líder valeroso del pueblo de Dios. Como el quinto juez, Gedeón obró con confianza, derrotó al ejército madianita, sobresalió como estratega militar, se le ofreció el título de rey, y formó parte de la «Galería de famosos» en Hebreos 11.

Reflexionando sobre las promesas de Dios

¿Recuerda cuál fue la respuesta inicial de Gedeón cuando Dios lo llamó a su servicio? Constaba de dudas... titubeos... cuestionamientos... preguntas... evasivas... y temor. ¡No creo que éstas sean las respuestas propias de la persona que tiene su mente en paz! Pero, desgraciadamente, son las respuestas que de vez en cuando nos definen a usted y a mí a lo largo de nuestra vida.

¿Describe alguna de esas palabras su relación actual

con Dios? ¿Está él intentando liderar a la oveja vacilante y reticente que hay en usted? ¿Está él intentando utilizarla de una manera importante para sus propósitos... mientras que usted vacila, juguetea, está de aquí para allá, y se preocupa?

Cuando nos olvidamos, al igual que Gedeón, que Dios jamás nos pide que *nosotras* tengamos confianza, no podemos tener paz. Querida mía, ¡él sólo nos pide que confiemos en *él*! Cuando Dios ordena, Dios provee.

¿Y qué fue lo que Dios le dio a Gedeón para que pudiera valientemente cumplir con la orden de Dios? Le prometió a Gedeón que le daría la fuerza que él necesitaba. Gedeón era un simple granjero, pero cuando Dios lo capacitó y lo fortaleció, ¡el simple granjero se convirtió en un poderoso combatiente, en un valiente guerrero (versículo 12), en un hombre de una fe poderosa (Hebreos 11.32)!

Esa misma transformación es posible en nuestra vida también, mi querida amiga. Nuestra obediencia—la verdadera señal de nuestra fe—permite que Dios transforme a los tímidos en poderosos. Dios llevará a cabo la transformación: ése es su rol. Pero nosotras debemos rendirnos a él: ése es nuestro rol.

De manera que... ¿confía usted en el Señor? Y ¿le está permitiendo al que es poderoso realizar cosas extraordinarias en... y por medio de... y para... usted? A medida que usted contempla sus promesas, Dios no sólo le promete paz, sino que también le promete que habrá de conocer su poder.

Conozcan al Príncipe de Paz

Antes de finalizar el versículo dos y nuestra visita a las aguas tranquilas, necesitamos contemplar al Príncipe de paz. El poder disfrutar de paz y armonía con Dios significa disfrutar la armonía de una relación con él. Y es Jesucristo, el Príncipe de paz (Isaías 9.6), quien hace que una relación con Dios sea posible. La paz con Dios incluye...

> *Armonía*: el estar en armonía con Dios gracias al pago de una deuda.
>
> *Ofrenda de paz*: es la comunión que ha sido restaurada entre Dios y los hombres, alcanzada únicamente por medio del derramamiento de sangre (véase la ofrenda de paz de Levítico 3).

Querida mía, Jesús, el Príncipe de paz, satisface ambas definiciones de paz.

Reflexionando sobre las promesas de Dios

Y ahora ha llegado el momento de efectuar la «reflexión» más importante de este libro. Llegó el momento en que debemos estar seguras de que usted le pertenece verdaderamente a Cristo, de que usted se encuentra verdaderamente en la familia de Dios, de que usted es una cristiana que disfruta la paz de Dios y al Dios de paz.

De manera que debo preguntarle: ¿Es usted hija de Dios? ¿Se ha reconciliado con Dios por medio de su Hijo, Jesucristo? ¿Han sido lavados sus pecados con la sangre derramada de Jesús hasta quedar blancos como la nieve? ¿Es él su Salvador, su Pastor de paz?

Con la sola intención de estar seguras de que su camino hacia Dios le ha quedado completamente en claro, considere en oración estos hechos:

> El hecho del pecado: Romanos 3.23 declara: "Pues todos han pecado y están privados de la gloria de Dios".

El hecho del juicio: Romanos 6.23 nos enseña que "la paga del pecado es muerte, mientras que la dádiva de Dios es vida eterna en Cristo Jesús, nuestro Señor".

El hecho de la muerte de Cristo por nuestros pecados: Romanos 5.8 nos dice que "Dios demuestra su amor por nosotros en esto: en que cuando todavía éramos pecadores, Cristo murió por nosotros".

El hecho de la aceptación de Cristo por fe: Romanos 10.9 nos señala el camino: "que si confiesas con tu boca que Jesús es el Señor, y crees en tu corazón que Dios lo levantó de entre los muertos, serás salvo".

El hecho de la paz: Romanos 5.1 nos dice que "ya que hemos sido justificados mediante la fe, tenemos paz con Dios por medio de nuestro Señor Jesucristo".

Si usted no es aún hija de Dios, haga que este momento de «reflexión» se convierta en el momento en que acepta a Cristo por fe. ¡Su paz comenzará de inmediato!

Y si usted ya es hija de Dios, pase este rato de «reflexión» agradeciendo y alabando a Dios por la paz que él le extiende a través de su Hijo, Cristo Jesús.

Una Oración Por La Paz

Y ahora, querido Señor, reconocemos nuevamente que tú eres el Dios de toda la paz, *Jehová-salom*.
Tú nos ofreces tu paz. Nuestra tarea es recibirla.
Tú nos otorgas tu paz. Nuestra tarea es tomarla.
Tú nos conduces a las aguas tranquilas. Nuestra tarea es seguirte.
Tú extiendes tu mano. Nuestra tarea es tomarla.
Pido que podamos disfrutar de tu presencia y de la calma de las aguas tranquilas donde tú derramas tu promesa de paz.

Amén.

5

La promesa de Dios de sanidad

Me infunde nuevas fuerzas
SALMO 23.3

¡Alabado sea el Señor!...
Restaura a los abatidos
Y cubre con vendas sus heridas.
SALMO 147.1, 3

Nuestro maravilloso Pastor no sólo se ocupa de nuestras necesidades físicas, sino también de las espirituales. Él ministra al espíritu y al alma, así como al cuerpo.

Elizabeth George

Dado el hecho de que tanto Jim como yo estamos activos en el ministerio, parece que conocemos a muchas viudas. Hemos pasado por el período de viudez con la querida madre de Jim, ¡por partida doble! Y hemos acompañado durante su pasaje por el valle de sombra de muerte a muchas de las queridas señoras en la clase para personas de edad avanzada que Jim solía pastorear... saliendo a la superficie del otro lado cuando ellas salían de ese oscuro valle sin su pareja. Algunas de las pérdidas sufridas por estas mujeres eran trágicas, anunciadas simple y categóricamente por medio de una llamada telefónica y una voz que les traía las horribles noticias de su pérdida. Otras sufrían a diario mientras veían cómo sus amados esposos padecían largamente de cáncer o de deterioro físico. Ambos extremos—y todo lo que se encuentra entremedio—son difíciles de manejar.

Sabemos que la muerte de cualquiera de los hijos de Dios es la máxima victoria y que tiene valor a los ojos del Señor (Salmo 116.15). Pero sin embargo, la pérdida de un ser querido es dolorosa para que el queda atrás, para el que debe continuar caminando con el Pastor a solas, presionado a ingresar en una época nueva de su vida.

Y, por cierto, existen otras dificultades en la vida que son devastadoras. La incapacidad física. El sufrimiento físico de una cirugía, cáncer, enfermedad, o un accidente. El colapso de una familia. El rechazo. Los desencantos. La traición. Las calamidades. Y la lista continúa.

Y la vida también.

Sin embargo, nuestra pregunta es la siguiente: *¿Cómo*? *¿Cómo* debemos proseguir? *¿Cómo* podemos hacerle frente a estos hechos aplastantes de la vida? ¿Y *qué* debemos hacer, ustedes y yo, para controlar nuestra vida después de que haya sido alterada por algún incidente?

Esto, queridas mías, es donde Dios acude una vez más a nuestro rescate. En nuestros momentos de dolor y de angustia, el cuidado tierno de Dios entra en acción con su promesa de sanarnos. Como lo afirman tan bellamente las cuatro palabras del salmista: «Me infunde nuevas fuerzas» (Salmo 23.3).

Mirando hacia lo que ya hemos aprendido sobre lo que significa ser una de las ovejas del Gran Pastor, nuestras conclusiones son asombrosas.

—Tenemos la promesa de su cuidado y de su provisión (versículo 1).

—Tenemos la promesa de su descanso y de su paz (versículo 2).

Y ahora saboreamos otra promesa más: la promesa de la restauración sanadora del Señor (versículo 3). Nuestro maravilloso Pastor no sólo se ocupa de nuestras necesidades físicas, sino también de las espirituales. Él ministra al espíritu y al alma, así como al cuerpo. La provisión abundante de Dios nos reanima físicamente, pero en esta promesa presente: *Me infunde nuevas fuerzas*, vemos cómo el Señor nos sana espiritualmente.

El Carácter de Jehová-Rophe

Existe otro nombre de Dios que pienso que es el apropiado cuando hablamos de la promesa de la restauración sanadora de Dios. Es *Jehová-Rophe*. Este maravilloso nombre significa «el Señor sana», y encontramos una extraordinaria historia detrás de él. Esto es lo que ocurrió...

Después de que el pueblo de Dios fue librado de su esclavitud en Egipto y del ejército de Faraón en el Mar Rojo, penetró en un territorio nuevo. Jubilosos y maravillándose aún de los muchos milagros de Dios a su favor, los israelitas ingresaron al futuro que siempre habían soñado... para descubrir que no había agua para tomar. Siguieron avanzando, y finalmente descubrieron agua en Mara... pero era amarga y no la pudieron beber (Éxodo 15).

Luego Moisés, quien había sido pastor durante cuarenta años, recordó a Aquél que cuida a sus ovejas y clamó al Señor pidiéndole ayuda... y él respondió. Jehová le mostró a Moisés un pedazo de madera. Cuando Moisés lo echó en las aguas amargas, de inmediato éstas se volvieron dulces. Jehová proveyó, anunciando: «Yo soy el SEÑOR, que les devuelve la salud» (Éxodo 15.26).

¡Qué lección debe haber sido para los israelitas (y para nosotras) aquel encuentro con *Jehová-Rophe*, el Señor que sana! El pueblo de Dios se estaba muriendo de sed y lo único que tenían al alcance de su mano eran aguas amargas y venenosas. Dios tomó sus necesidades físicas y las convirtió en un asunto espiritual. A partir de una experiencia amarga, Dios se revela de manera dulce y reconfortante como «Jehová el que sana».

Las Ovejas Abatidas

En el Antiguo Testamento, «sanar» se utiliza a menudo para hablar de los médicos y significa *restaurar* o *curar*. ¿Y a quién cura *Jehová-rophe*, el Gran Sanador? Él sana y restaura a aquellos que están abatidos.

Aquí hallamos una hermosísima imagen. Los pastores, a lo largo del tiempo, han utilizado el término «abatido» para designar a las ovejas que estuvieran acostadas sobre sus espaldas y que no pudieran levantarse por sí solas. La escena se desarrolla de la siguiente manera...

Una oveja pesada, gorda, o con mucha lana se acuesta cómodamente en un pequeño hoyo en la tierra. Luego rueda sobre su costado para estirarse y relajarse en los pastos verdes. Pero, de pronto, el centro de gravedad de su cuerpo cambia, haciendo que la oveja quede acostada sobre sus espaldas de manera que sus patas ya no toquen el suelo. A pesar de todos los tremendos esfuerzos de la pobre ovejita, le resulta imposible ponerse de pie.

Eso es una oveja que está «abatida». Y, curiosamente, son generalmente las ovejas más grandes y más fuertes las que se vuelcan con más facilidad. Si el tiempo está fresco o nublado o lluvioso, la oveja caída podrá sobrevivir en esa posición durante un día o dos. Pero si el tiempo está caluroso y soleado, la oveja acostada se verá en una situación crítica en cuestión de unas pocas horas. Es vital que llegue pronto el pastor al lugar o la oveja morirá.

El recorrido de la restauración

Cuando leí cuál era el proceso de la restauración según lo describe un pastor de Nueva Zelanda, vi que constaba de tres etapas.

Primera etapa: Encontrar a la oveja abatida. El pastor compasivo y atento conoce a cada una de sus ovejas. Y se da también cuenta cuando falta alguna oveja de su rebaño, así que parte a buscar a la oveja que se ha descarriado, escudriñando y revisando todo el terreno para detectar la forma de una oveja acostada en una postura poco natural.

Segunda etapa: Restaurar a la oveja abatida. La restauración puede ser muy comprometida, dependiendo de la situación de la oveja que se ha tumbado. Si, por ejemplo, la oveja ha estado en esta desafortunada situación por sólo un rato, todo lo que tiene que hacer el pastor es ayudar a la oveja a rodar hasta ponerse de pie y, con unos pocos tropezones y traspiés, la afortunada oveja estará en camino de regreso a su rebaño.

Sin embargo, si la pobre oveja ha estado tumbada durante algún tiempo, el restaurarla puede llevar mucha paciencia, tiempo y cuidados. Primero hay que hacer rodar a la oveja suavemente. Luego, el pastor debe frotar y masajear sus patas para reanimar la circulación de las mismas. A continuación viene la cabeza de la pobre oveja, la cual se encuentra apoyada sobre las rodillas del pastor, quien la acaricia y la sostiene por un rato. Después de estos tiernos cuidados, el pastor la levanta físicamente para que se ponga de pie. Cuando la débil y temblorosa oveja se apoya en contra de las sólidas piernas de su pastor, toma sus primeros pasos, completamente apoyada por su amo. A veces puede tardar una hora completa para volver a caminar, hasta que finalmente puede avanzar tambaleándose sobre sus propias patas manteniéndose siempre alrededor de su pastor, quien aún puede tener que correr para levantar a su oveja una y otra vez, y así varias veces.

Tercera etapa: Seguir a la oveja abatida. Sin embargo, el pastor aún no ha terminado su tarea. Porque hasta que la oveja que ha estado tumbada no tome sus primeros bocados de pastos verdes, el pastor no sabrá si todo está bien. De modo que el buen pastor sigue y examina a su oveja convaleciente... hasta que ella esté completamente restaurada.[17]

Reflexionando sobre las promesas de Dios

Y ahora ha llegado el momento de pasar de la oveja al alma.

¡La vida es difícil! Ambas conocemos sus penas, angustias e inconvenientes. Usted y yo hemos paladeado las pruebas y pesares de la vida. Por desgracia, muchas mujeres tienen el espíritu quebrantado y el corazón y el alma rotos. Por cierto, las posibilidades de estar abatidas son muchas a medida que cada día amanece y cada nueva curva en el camino aparece repleta de problemas.

No deseo sonar negativa. No, sólo estoy afirmando los hechos de la vida—el enfrentar la vida es un desafío hasta el final. Pero la buena noticia es que tenemos un pastor—el Buen Pastor—que camina con nosotros por la vida. Tenemos a...

Jehová-rohi que promete cuidarnos,
Jehová-jireh que promete darnos lo necesario,
Jehová-salom que promete darnos paz, y
Jehová-rophe que promete restaurarnos.

De manera que, como lo señala el pastor de Nueva Zelanda W. G. Bowen: «Los problemas no son el problema, sino que el problema es tratar de enfrentar los problemas solos con nuestros propios recursos y con nuestra propia fuerza, o debilidad, sin la ayuda del Pastor».[18]

Armadas con la promesa de restauración sanadora y confiadas en la presencia del Pastor, usted y yo, querida mía, podemos caminar por la vida. Con la ayuda del Señor, podremos enfrentar sus desafíos y desgracias, aun el valle de la sombra de muerte. Qué consuelo traería a nuestros corazones desfallecientes el saber que en los momentos en que tambaleamos debido al desánimo y la desesperación, el cansancio y la aparente derrota, el Pastor nos hallará... nos restaurará y nos «compondrá»... y nos seguirá... ¡hasta que estemos nuevamente en camino!

El caso de Elías, La Oveja Abatida

¿Se preguntan acaso ustedes cuál es la causa por la cual necesitamos el toque sanador de Dios? ¿Qué es lo que nos abate o nos tienta a perder las esperanzas? Una de las causas de fallecimiento consiste en *no tener suficiente cantidad de lo que necesitamos* (o, dicho con otras palabras, *tener demasiada cantidad de lo que nos daña*). Por ejemplo, cuando hemos estado...

Corriendo durante mucho tiempo—el Pastor debe reanimarnos.

Corriendo sin combustible—el Pastor debe refrescarnos.

Corriendo con las personas equivocadas—el Pastor debe reemplazarlas.

Corriendo para escaparnos—el Pastor debe rescatarnos.

Corriendo atemorizadas—el Pastor debe reenfocarnos.

¿Recuerdan ustedes mi afirmación anterior de que por lo general es la oveja más grande y más fuerte la que se tumba? Bueno, en la Biblia se comprobó por cierto que esto es verdad. Vemos a Elías, el más famoso y dramático de los profetas de Israel, un hombre que llevó a cabo muchos milagros para Dios (¡y una de las ovejas de Dios más grandes y fuertes!), sucumbiendo al problema de no tener suficientes cosas buenas.

Elías era el representante de Dios en una confrontación con los sacerdotes de Baal y Aserá (1 Reyes 18). Después de invocar a Dios para que cayera fuego del cielo y después de supervisar la matanza de todos los 450 profetas falsos de Baal, algo ocurrió—Elías recibió palabra de que la esposa de Acab, Jezabel, lo estaba buscando para matarlo (1 Reyes 19). ¡*Una mujer* estaba tras él!

Y entonces, este gran hombre de fe corrió para salvar su vida, y corrió, y corrió...

... y corrió al desierto

... y corrió demasiado tiempo

... y corrió con demasiado esfuerzo

... y corrió asustado

Y corrió tan lejos, y durante tanto tiempo, y con tanto esfuerzo que pronto se quedó sin energías.

Tumbándose de cansancio (¡en forma muy parecida a la oveja abatida!), Elías rodó hasta quedar acostado sobre sus espaldas y estiró sus pies cansados en el aire y se entregó. Incluso le pidió a Dios que lo dejara morir—por cierto, ¡que lo matara! Y luego el más grande y fuerte de los profetas de Dios se durmió exhausto.

¿Cómo sanó Dios a su siervo Elías y lo restauró para que volviera a ser de utilidad?

Le brindó cuidados físicos: descanso, alimentos y bebida.

Habló con él y escuchó su desaliento, su consternación, su sensación de ineptitud.

Le dio algo para hacer.

Le dio un plan y cierta información (1 Reyes 19.4-18).

Dios continuó con el ministerio de restauración de su precioso profeta, nunca abandonándolo ni renunciando a él.

Reflexionando sobre las promesas de Dios

¡Oh, querida! Si la oveja más grande y más fuerte puede sucumbir al cansancio, al desaliento, y a la depresión, ¿existe alguna esperanza para pequeñas ovejitas como usted y yo?

Pero, querida mía, antes de que usted y yo abandonemos la lucha, debemos darnos cuenta de que las causas y las curas para nosotras son las mismas que para Elías, una de las ovejas más grandes de todas.

Notamos que Dios le dio a Elías una tarea. ¿Por qué? Porque Elías estaba *demasiado cómodo*. Quizás hasta le gustaba andar dando vueltas deprimido, durmiendo, desplomado en el suelo. Y se había puesto *demasiado gordo*. Por cierto no había hecho mucho durante los últimos 40 días. Y se había vuelto *demasiado independiente*—había dejado a su siervo y asistente y compañero atrás y se había ido solo. Sí, estoy segura de que ambas estamos de acuerdo en que Elías necesitaba algo que hacer... y ésa fue una parte de la cura de Dios.

¿Le cabe a usted el «perfil de Elías»? ¿Está deprimida o desalentada? ¿Derrotada o descorazonada? ¿Está sola? ¿Está cansada de todo? Entonces examine su situación.

¿Se ha convertido en una persona *demasiado cómoda*? ¿Está demasiado tiempo acostada? ¿Comiendo y dormitando demasiado a menudo? ¿Despatarrada sobre los pastos verdes un poco más de lo necesario? ¡Entonces haga algo!

¿Se ha convertido en una persona *demasiado gorda*? ¿Cuándo fue la última vez que usted se esforzó para lograr algo digno? ¿Cuándo fue la última vez que realmente se entregó a una tarea y puso todo su esfuerzo en ella? ¿En que realmente pagó el precio necesario para obtener algo valioso? ¡Entonces haga algo!

¿Se ha convertido en una persona *demasiado independiente?* La Biblia nos dice que el estar con otras personas en el cuerpo de la iglesia nos estimula, incitándonos a realizar buenas obras y acciones nobles (Hebreos 10.24). El pueblo de Dios trae alegría a nuestra vida, nos acompaña, nos ayuda a mantenernos en el camino correcto, y nos ayuda a no meternos en problemas. ¡Entonces haga algo!

Querida mía, uno de los remedios de Dios para los abatidos es darles algo para hacer, de modo que ¡tomemos el remedio! ¡Hagamos algo!

Reflexionando nuevamente sobre las promesas de Dios

El Señor sana. Una de las características del Señor es que nos persigue, va detrás de nosotras cuando corremos, nos proporciona todo lo que necesitamos cuando no elegimos suficiente de lo adecuado y demasiado de lo inadecuado. Sin embargo, ¿existe alguna receta que nos ayude a estar firmes de pie en vez de desmoronarnos?

Pruebe estos remedios infalibles para la salud y el restablecimiento.

Aliméntese de la Palabra de Dios. Él, el Pastor, restaura nuestra alma—no la televisión, ni el esparcimiento, ni las comedias televisivas, ni la comida, ni un trago, ni una droga, ni unas vacaciones, ni otro paseo por la galería de compras. Y una de las maneras de tocar al Pastor y experimentar la promesa de su toque sanador es tocar su Palabra. Sabemos que «la ley del SEÑOR es perfecta: infunde nuevo aliento» (Salmo 19.7) y, alimentándonos de su Palabra podremos tener contacto directo con el Señor.

Tengamos comunión con el Pastor en oración. Lea otra de las lecciones sobre la «pastor-ología» de nuestro amigo de Nueva Zelanda.

> Es interesante notar que en [el rebaño] cada oveja tiene un rato de tranquilidad y soledad con su pastor cada día. Temprano en la mañana, las ovejas forman una fila de pastoreo y mantienen la misma posición durante todo el día. En algún momento del día, cada oveja por separado abandona la fila de pastoreo y se va con el pastor. El pastor recibe a la oveja con sus brazos extendidos y le habla con cariño. La oveja se frota en contra de la pierna del pastor o, si el pastor está sentado, frota su mejilla en contra de su cara. Entretanto, el pastor la acaricia suavemente a la oveja, frotando su hocico y sus orejas y rascando su mentón. Después de estar juntos por un breve período de comunión íntima, la oveja regresa a su lugar en la fila de pastoreo.[19]

¡Qué bendición poder dejar las preocupaciones de la vida por un breve período para pasar un rato en los brazos extendidos del Pastor, frotando, por así decirlo, nuestra mejilla en contra de su rostro en comunión íntima por medio de la oración!

Bueno, mis amigas, nuestra dulce momento aquí en el versículo tres ya pronto se acaba. ¿Tienen ya la respuesta a la pregunta que presentamos al comienzo de este capítulo? La pregunta era cómo podemos continuar cuando la vida nos ha derribado o abatido.

Espero que sepan ahora que siempre podrán seguir adelante gracias al Pastor y a su toque sanador. Él se acerca a nosotras cuando sufrimos y cuando estamos desesperadas, cuando estamos abatidas, tan abatidas que ya no nos podemos levantar. Y él nos toca.

Él sana nuestro espíritu.

Cuando estamos abatidas, él nos restaura.

Cuando nos descarriamos, él nos busca y nos trae de regreso a casa.

Cuando nos sentimos inseguras, él nos atrae nuevamente.

Cuando sufrimos, él nos alivia.

Cuando estamos en peligro, él nos rescata.

Y cuando estamos perdidas, él nos encuentra.

¡Alabemos al Pastor ahora, porque él restaura nuestra alma! El Buen Pastor encuentra y sana a las ovejas. O como han traducido también al versículo tres: «Él me encontró cuando estaba abatida y me dio nuevamente vida».[20]

Queridas mías, eso es lo que nuestro maravilloso Pastor hace por nosotras. No importa lo que ocurra en la vida, no importa cómo o cuán a menudo nos sintamos abatidas, Dios nos «sana». Él nos restaura. Él nos da nuevamente vida... para que continuemos con él.

6

La promesa de Dios de Guía

Me guía por sendas de justicia
Por amor a su nombre.
SALMO 23.3

Yo te instruiré,
Yo te mostraré el camino que debes seguir;
Yo te daré consejos y velaré por ti.
SALMO 32.8

De la misma manera en que ustedes notan cómo marchan las cosas en su casa, así Dios nota cómo van sus caminos.
De la misma manera en que ustedes sufren y se angustian por aquellos a quienes aman, así se preocupa él por ustedes.
Y de la misma manera en que ustedes se movilizan para guiar a su rebaño de regreso a un sendero más provechoso, así Dios las guía «por sendas de justicia».

Elizabeth George

Tardamos 21 días en eliminar las malas costumbres y en reemplazarlas por una nueva. ¿Conocen ustedes esta simple ley para cambiar la conducta? Aún mejor, ¿la han probado?

Yo sé que lo he hecho... muchas veces— ¡y con múltiples hábitos! Desde tratar de desarrollar la costumbre de orar, a dejar de comer entre horas, a utilizar mejor el tiempo—he probado esta «cura milagrosa de 21 días». Pero me he dado cuenta de que lleva mucho más tiempo perder una vieja costumbre que crear una nueva. Aparentemente, las viejas costumbres (que en mi caso son por lo general los «malos» hábitos, o las «malas» costumbres, o las costumbres «menores») están tan arraigadas en mí que me es casi imposible mejorarlas o cambiarlas.

Y eso se debe a la *repetición*. Un hábito (de acuerdo al diccionario) es una costumbre o práctica adquirida por *repetición*. Un hábito es una acción que, debido a la *repetición*, aumenta en cuanto a su desempeño y decrece en cuanto a su resistencia. Por tanto, una acción se torna automática por *repetición*, y como consecuencia, nace un hábito, ya sea bueno o malo.

Pero, mis amigas, ¡hay esperanza para nuestros hábitos! El Salmo 23, versículo tres, nos revela otro rol más que asume el Pastor en nuestra vida: *Me guía por sendas de justicia por amor a su nombre*. Si nos mantenemos junto a él y caminamos por donde nos guía, nuestras costumbres darán honra a su nombre, y cosecharemos los frutos de la justicia. ¡Desarrollaremos costumbres santas!

De modo que avancemos por el sendero del Pastor y aprendamos qué es lo que significa tener su promesa de que nos guiará y qué significa caminar por sus senderos. Primero, las «sendas»...

Las "Sendas"

Una manera muy sencilla de comprender las «sendas» de justicia por las cuales nos guía el Buen Pastor a ustedes y a mí es por medio de la palabra «huellas». En el pasado, las huellas se formaban por el paso continuo de las carretas. Cuanto más a menudo se tomara un camino, tanto más profundas las huellas que se formaban en la tierra, hasta que eran obvias y evidentes. A la larga, se hacían profundos surcos en el camino.

Cuando estaba estudiando en Israel, preparándome para escribir mi libro *Hermosa a los ojos de Dios: Tesoros de Proverbios 31 para la mujer,* observé que ocurría lo mismo con los «senderos» que tomaban las ovejas por las laderas. Ya que las ovejas toman por lo general el mismo camino cada vez que se dirigen a pastar, sus senderos cavan surcos profundos en los costados de las pendientes. De hecho, pareciera que muchas de las montañas tienen terrazas—ya que los caminos de las ovejas han desgastado el suelo en forma de salientes escalonadas.

Luego, más tarde, cuando me encontraba escribiendo mi libro sobre la vida de la mujer del Proverbio 31 (Proverbio 31.10-31), descubrí allí en el pasaje bíblico (en el versículo 27) el uso de «caminos» o «marcha»: «Está atenta a la marcha de su hogar». Esas palabras describen a la mujer actuando como la pastora de su casa. Ella cuidadosamente nota los patrones de la vida en su hogar. Esos son los *caminos* de su casa, las idas y venidas en general, las costumbres y actividades de la gente que vive en ella. La palabra hebrea para *caminos* significa literalmente huellas creadas por el uso continuado de los mismos. Son como las huellas que dejamos sobre el césped cuando caminamos repetidamente sobre él.

Bueno, la hermosa supervisora del hogar de Proverbios 31 observa todo lo que ocurre en su casa. Nuestra mujer vigilante está al tanto de todas las costumbres y de cualquier cambio en ellas. Nada la toma por sorpresa. Ella sabe todo lo que ocurre en su casa y cómo están los miembros de su familia. Está al tanto de todo lo que ocurre dentro de esas cuatro paredes.[21]

Reflexionando sobre las promesas de Dios

Detengámonos un momento y consideremos nuestro propio corazón y hogar. Si usted tiene una familia, piense cuánto la ama y la cuida. Piense en cuánto se preocupa por cada una de esas preciosas vidas bajo su techo. Cada madre y ama de casa conoce el dolor que nos produce ver a alguien de nuestro rebaño luchar, trastabillar, y descarrilarse. Nos duele cuando aquellos que amamos toman decisiones que los llevan por caminos errados. Tememos los resultados ciertos y pavorosos que les esperan a nuestros seres queridos si continúan por esos terribles senderos de perdición.

Si, nos duele... ¡pero también obramos! Con nuestro corazón estrujado por la agonía, nos enrollamos nuestras mangas maternales y hacemos todo lo posible para corregir la situación. Creamos nuevas reglas y establecemos límites más férreos. Instituimos nuevos métodos disciplinarios que acarrean consecuencias más severas.

Y ¿por qué? Todo por el amor—el amor maternal.

Ahora, ¿puede usted comenzar a entender el gran amor divino del Pastor por sus ovejas? Así como usted nota la *marcha* de su casa, así Dios nota la *marcha* por sus senderos. Así como usted sufre y agoniza por los que ama, así él se preocupa por usted. Y así como usted hace todo lo necesario para corregir y guiar a su rebaño para que regrese al camino correcto, así Dios la lidera y guía por «sendas de justicia».

Las Sendas de "Justicia"

Hasta aquí, sabemos que nuestro Pastor nos guía. Y él nos guía por «sendas». Y ahora descubrimos que esas sendas son sendas de «justicia». Eso significa que son sendas rectas y rigurosas. Por ejemplo, en la Biblia, la palabra *justicia* se utiliza de las siguientes maneras:

> *Con los hombres*, la justicia indicaba una medida completa. Las medidas y los pesos debían ser justos y correctos.
>
> *Con Dios*, la justicia indicaba una medida completa en el sentido espiritual—ofreciéndole a él lo que era sincero en vez de aquello que era mediocre y de mala calidad.
>
> *Con un tribunal,* la justicia indicaba una medida completa de sentencia justa. Los jueces y los funcionarios tenían que servir con justicia y corregir lo que estaba mal.

Recta y rigurosa. Eso no nos suena muy bien, ni tampoco nos parece algo demasiado apetecible para la época tan liberal que vivimos, ¿no les parece? Pero, queridas mías, tenemos un Dios que está celosamente interesado en la justicia, y tenemos un Dios que promete guiarnos por sendas de justicia.

Reflexionando sobre las promesas de Dios

Es verdad que vivimos en una época que honra la falta de rigidez. Abunda la alabanza de aquellos que son flexibles y siguen la corriente del momento, que pueden dar y tomar, que tienen la habilidad de transigir y de encontrar el terreno propicio para un avenimiento.

¡Sin embargo nosotras somos las santas justas de un Dios justo! ¡Y él se asegura de que nosotras caminemos por sus rígidas sendas rectas de justicia! Y con toda fidelidad, él nos describe en su Palabra exactamente lo que son esas sendas. Nos deletrea con claridad lo que él considera correcto e incorrecto... lo que él determina que es aceptable e inaceptable... lo que él califica como bueno y malo. A pesar de que en otras áreas es misericordioso, ¡Dios es riguroso y recto en lo que atañe a *su* camino! De hecho, él denomina *su* camino como *el* camino y nos ordena que caminemos por él: «Éste es *el* camino; síguelo» (Isaías 30.21; énfasis del autor). Como el Pastor cuya responsabilidad es guiarnos, él define lisa y llanamente «las sendas de justicia» y nos guía por ellas.

El Dios de Justicia

El considerar este concepto de la justicia de Dios hace que éste sea un momento adecuado para presentar otro extraordinario nombre más de nuestro maravilloso Señor: *Jehová-tsidkenu*. Este nombre de Dios significa «Dios nuestra justicia» y aparece por primera vez en Jeremías 23.5-6.

— El reino de Judá se estaba viniendo abajo.

— Judá estaba cometiendo graves pecados, contami nando incluso la casa del Señor.

— Dios envío a sus profetas para advertir a su pueblo que se había apartado del camino, pero éste no prestó ninguna atención a sus mensajes.

— Por lo tanto, Dios envió a su profeta Jeremías para que predijera que Judá sería tomada cautiva.

¡Ésas eran malas noticias!

Sin embargo, gracias a la promesa de Dios al rey David de que su reino sería establecido para siempre (2 Samuel 7.16), Jeremías profetizó también algunas buenas noticias: Israel sería restaurada a su tierra, y Jehová haría surgir de la simiente de David un vástago justo—*Jehová tsidkenu* (Jeremías 23.5-6).

En pocas palabras, Dios estaba lidiando con su pueblo pecador, y ellos serían castigados. Sin embargo, al final, Dios los restauraría, y produciría un vástago justo (*Jehová tsidkenu*). Ese vástago justo de David sabemos ahora que era el Mesías, Jesucristo.

Reflexionando sobre las promesas de Dios

Me parece sabio detenernos por un momento y considerar el ejemplo (aunque negativo) del pueblo de Dios que tenemos delante. Ellos se habían apartado del camino de Dios, pecado gravemente, y no habían prestado atención a los llamamientos e instrucciones de Dios. Por lo tanto, fueron castigados.

Y por lo tanto, como mujeres que amamos al Señor, debemos preguntarnos sin rodeos si existe alguna área de nuestra vida en la que sabemos que nos hemos descarriado, en la que nos hemos apartado de la voluntad de Dios, y en la que nos hemos alejado de sus sendas de justicia. ¿Estamos eligiendo desobedecer en algo continuamente, lo cual se está convirtiendo en una costumbre impía?

Puedo pensar en varias prácticas probadas que nos ayudan a abandonar la rutina de nuestros malos hábitos y los desvíos del pecado y acudir deprisa al lado (y seguridad) del Señor y su guía.

Admita su pecado—y reconózcalo como desobediencia.

Asuma la obligación de rendir cuentas —a otros creyentes dignos de confianza.

Ármese adecuadamente—con oración y las Escrituras.

Asóciese con otros creyentes—que posean las costumbres que usted desea.

Acepte abolir todas las piedras de tropiezo—de su medio ambiente.

Apunte a caminar junto al Pastor—un día a la vez.

Arrímese y tenga mayor intimidad con Jesús—y su justicia.

¡Cuán benditas somos de tener un Dios que nos cuida, que promete liderarnos y sacarnos de nuestras vanas rutinas para guiarnos por sus sendas de justicia!

El Propósito de La Guía de Dios

Sin embargo, además de su gran amor por nosotras, existe una razón aún más importante por la cual Dios nos guía—él nos guía por sendas de justicia ¡*por amor a su nombre,* para gloriarse a sí mismo! En el pensamiento hebreo, los nombres estaban por lo general conectados al carácter y la personalidad de cada persona, y esa hermosa frase: «por amor a su nombre» significa que él mantiene su reputación. El nombre de Dios no sólo apunta hacia un título, sino hacia su misma naturaleza.

Por lo tanto, por amor a *su* nombre él nos guía para que hagamos lo correcto. ¿Por qué? Porque si *nosotras*, sus ovejas, pecamos y nos descarriamos, mancillamos su reputación. De modo que, por amor a su propio nombre, así como por nuestro propio bien, él nos indica cuál es la dirección correcta.[22] Su nombre es

Pastor (Salmo 23.1), y si él no cuida y no lidera a su rebaño, no es un Pastor. Por consiguiente, él nos debe pastorear y cuidar porque su nombre así lo exige.

Reflexionando sobre las promesas de Dios

Y ahora, si le parece bien, desearía que volviéramos a utilizar la crianza de nuestros hijos como la imagen del cuidado y la guía de Dios. Recuerdo demasiado bien cuando Jim y yo estábamos sumergidos en el tema de la crianza. Las presiones del grupo de amigas de nuestras hijas estaban comenzando a crear algunos serios desafíos para nuestra familia. En esa época Jim, como el pastor de nuestra familia, comenzó por recordarles a nuestras hijas que ellas eran parte de «la familia George» y que en «la familia George» nuestras normas eran tales y tales. Muchas veces les dijo a nuestras niñas: «En la familia George no se hace eso», o «Esa conducta estará bien para los demás... pero no para los George».

Quiero que me entienda, lejos de ser legalista o exigente, Jim estaba estableciendo normas de conducta para nuestra familia y nos estaba liderando como familia bajo el estandarte de esas normas... por amor a su nombre (en este caso el de Jim). La reputación de *Jim*, como cabeza del hogar, estaba en juego. El carácter de *Jim* estaba siendo juzgado a través de la conducta de su familia (1 Timoteo 3.4). ¿Por qué? Porque, como nuestra cabeza, Jim era responsable de amarnos y liderarnos en la dirección correcta, la dirección de Dios, y a él tenía que rendirle cuentas.

¿Y acaso no piensa que todas nos beneficiamos de que un líder que nos amaba y que se preocupaba por nosotras estableciera las pautas? Se evitaron muchas «malas» decisiones y «malas» elecciones y «malos» caminos gracias a su liderazgo de amor. Y no es que no se hayan tomado decisiones imperfectas, ni que el «Pastor Jim» no haya tenido que ir por varias carreteras y caminos lindantes para buscar a sus ovejitas de vez en cuando (porque, después de todo, las ovejas tienen sus propias ideas). No obstante, el modelo general en nuestra casa era un liderazgo de amor y una obediencia fiel.

Y ahora, querida mía, ¿puede usted relacionar este ejemplo de una vida de familia simple, cotidiana y familiar con su propia obediencia fiel al Pastor? Él nos guía fielmente y nos lidera con amor. Y él ha establecido sus normas, su camino, en su Palabra. Y su nombre y reputación están en juego.

De modo que... ¿glorifica su obediencia a su nombre? Él la está guiando por sendas de justicia *por amor a su nombre*. ¿Está usted andando por esas sendas *por amor a su nombre*?

Reflexionando nuevamente sobre las promesas de Dios

¿Y cómo exactamente nos guía Dios a usted y a mí por las sendas de su justicia? Estas dos prácticas nunca han dejado de mostrarme el camino de Dios:

Nº 1: *La lectura bíblica*. Como lo ha advertido alguien muy bien: «Asegúrese de que el camino que elija lo conduzca finalmente al lugar donde desea estar. Un viajero cauteloso estudiará el mapa de carreteras antes de emprender la marcha». Querida, nuestro mapa de carreteras para el camino correcto es la Biblia. Entre las tapas de nuestra Biblia tenemos la mente—y el mapa—de Dios. Por cierto, su palabra es una lámpara a nuestros pies, siempre iluminando las sendas de justicia... un paso y una decisión a la vez (Salmo 119.105).

Nº 2: *La oración*. Cuando éramos misioneros en Singapur, un artista que asistía a mi estudio bíblico me enseñó que en la pintura tradicional china, existe un solo objeto que se destaca, lo cual es generalmente una flor. Esa flor sobre la tela de nuestra vida, querida mía, es la voluntad de Dios. Cuando buscamos sinceramente su voluntad, Dios nos promete guiarnos por sus sendas. Cuando trazamos el mapa con oración sincera, terminaremos en sus sendas: ¡el camino correcto!

Queridas, Dios está cumpliendo su promesa de guiarlas. Que ustedes puedan disfrutar de las bendiciones que vienen aparejadas con la promesa dependerá de vuestra obediencia. Como un último examen de conciencia, oren por estas preguntas. Sus respuestas les indicarán el nivel de vuestra obediencia.

¿Cuáles son los deseos de mi corazón? ¿Es estar en la voluntad de Dios lo que más deseo—sea lo que sea y cueste lo que cueste?

¿Estoy viviendo mi vida de una manera que honra al Señor, que exhibe al mundo que me observa cuáles son sus sendas de justicia?

¿Estoy caminando junto al Pastor—tan cerca como puedo—deleitándome en su guía y no permitiendo que nada me distraiga de su camino?

¿Estoy dispuesta a ir hacia donde me guíe... por las sendas de justicia... por amor a su nombre?

7

La promesa de Dios de presencia

Aun si voy por valles tenebrosos,
No temo peligro alguno
Porque tú estás a mi lado.
SALMO 23.4

Y les aseguro que estaré con ustedes siempre,
Hasta el fin del mundo.
MATEO 28.20

Así como debemos salir en la noche oscura para ver el brillo de las estrellas, así la presencia de Dios brilla con mayor esplendor en los valles de nuestra profunda oscuridad.

Elizabeth George

El área del sur de California donde vivo es considerada un desierto, pero, créanlo o no, recibimos suficiente lluvia durante el año para que todo se mantenga vivo. Sin embargo, recuerdo una serie de siete años cuando nuestra área fue declarada zona de emergencia por la sequía reinante. El uso del agua estaba restringido. Los avisos publicitarios en la televisión educaban al público sobre la importancia de conservar el agua. Ya no podíamos lavar nuestros garajes ni nuestros patios. Tampoco podíamos lavar nuestros automóviles con la manguera. Y sólo podíamos regar nuestros jardines durante ciertos días a ciertas horas específicas y durante una cantidad asignada de minutos.

Al comienzo de esos años de sequía, una de mis amigas se mudó a una casa nueva en las montañas cercanas. En obediencia a los códigos de incendios, ella plantó vegetación para evitar la erosión de las laderas e instaló el sistema de riego automático que le habían indicado para mantener al follaje verde y proteger a su casa del fuego. Cada vez que yo la visitaba, podía observar que algo había crecido en su jardín.

Pero en una de mis visitas, le comenté cuán gloriosa se veía de repente la vegetación sobre la ladera, lo cual era obvio en las flores de colores vivos y en la exuberancia de la vegetación. Nunca me olvidaré el comentario de la dueña de casa: «Es gracias a la lluvia. Todo lo que produce el sol es un desierto... pero la lluvia hace crecer a las flores».

¡Sí! ¡Tal cual! No había pensado en eso, pero se había terminado la sequía. (De hecho, nos había inundado la lluvia... aportando otros problemas: aludes de barro e inundaciones repentinas.) Habíamos pasado siete años de sol, pero la *lluvia* había producido esta abundancia de crecimiento. Las *tormentas* habían estimulado a las plantas a hincharse y germinar. La oscuridad de las *nubes* había producido brillo. Lo que mi amiga había dicho era cierto: Todo lo que el sol produce es un desierto... pero la lluvia da flores.

Y, mis queridas lectoras, así ocurre con la vida. A medida que vamos por la vida junto a nuestro fiel Pastor, las sendas de justicia se extienden no sólo por las verdes y soleadas praderas y junto a brillantes aguas tranquilas... sino que también descienden por los oscuros valles de sombra de muerte.

El Camino Del Sendero

Cuando continuamos caminando por el Salmo 23, de repente el sendero comienza a descender aquí en el versículo 4. Comienza a serpentear por curvas no anticipadas. Quizás exista un precipicio. O las orillas pronunciadas de un río. El agua aquí en el valle de las sombras y de la muerte echa espuma y ruge, surcado por piedras filosas. Al pasar por un desfiladero profundo y angosto, quizás nos apretujemos con fuerza contra las almenas rocosas y las paredes de piedra.

Éstas son las palabras que describen a los valles—o *wadis*— tan familiares en Palestina, la Tierra Santa, el entorno del Salmo 23. Es el desierto, queridas mías. Yo lo sé, porque lo he visto y he caminado por él. Es desierto... donde hay hoyos, barrancos y cuevas, la aridez propia de la sequía y la sombra de la muerte. Es verdaderamente una tierra de nadie, un terreno que señala tanto peligro como muerte.

Tan sólo una leída del Antiguo Testamento revela 18 usos de la frase «sombra de muerte». Significa oscuridad, profunda oscuridad, una oscuridad *muy* profunda, una oscuridad espesa, y una oscuridad tan oscura como la muerte. (¿Entienden ahora lo que les digo?) Su significado incluye la «sombra de la muerte» y los peligros extremos del desierto donde domina la muerte, ya que el desierto es un lugar de muerte.

Reflexionando sobre las promesas de Dios

Preciosa amiga, ¿ha usted alguna vez descendido más y más por los valles oscuros? ¿Puede recordar alguna época de aprensión o de pánico? ¿De sufrimiento y dolor? ¿De terror a medida que la oscuridad parecía cubrirla y tragarla mientras usted se dirigía rumbo a lo desconocido?

Yo puedo destacar algunas épocas de oscuridad que he experimentado personalmente.

Cinco años deseando tener un bebé sin poder lograrlo.

Diez días junto al lecho de muerte de mi suegro.

Tres días junto al lecho de muerte de mi suegra (¡y sin la presencia de Jim!).

Un año contemplando cómo mi padre desmejoraba hasta morirse.

Los primeros meses en el campo misionero—una extraña en una tierra extraña.

Varias épocas de «maternidad» en las que las cosas no parecían ir en la dirección correcta.

Una serie de pruebas médicas para comprobar si tenía cáncer.

Sí, yo he conocido la oscuridad. He saboreado el miedo. Pero, amada mía, ahora puedo alabar a Dios por esas épocas de oscuridad. ¿Por qué? Porque ahora he aprendido algo sobre su presencia: él estaba allí conmigo; y porque he aprendido algo sobre su gracia: me fue suficiente en esos aterradores momentos. Su presencia misericordiosa me permitió avanzar por esos valles de oscuridad y muerte. Como escribió David, el salmista: «Aunque ande *en* valle de sombra de muerte...»

Quizás usted se encuentre enfrentando en este momento el sendero descendente de la oscuridad o se encuentre en el valle de la sombra de muerte. El día en el que enseñé este poderoso versículo en nuestro estudio bíblico de mujeres, anoté sólo cuatro pedidos de oración para ese día: una mujer estaba frente a toda una serie de exámenes físicos para descubrir una enfermedad que aún desconocía; otra acababa de perder a su hijo de apenas diez años; una de nuestras misioneras estaba sufriendo físicamente en el terreno misionero, donde carecía de la asistencia médica necesaria; y otra querida señora había experimentado un retroceso en el tratamiento de su cáncer. ¡Esta lista apenas representa *un solo* día y *un solo* grupo de mujeres! ¡Cuántas más existen que están caminando en la oscuridad!

Es verdad que el valle peligroso es parte de la vida. Sí, la vida incluye los peligros y las sombras de las enfermedades crónicas y del dolor, de la pérdida de las finanzas y de la seguridad, de la vejez, de las pruebas médicas y de los tratamientos, de las cirugías con futuros aún inciertos, de la reparación de la pérdida de alguien que amamos, del sufrimiento de alguien que amamos pero no podemos auxiliar.

Sin embargo también es cierto que, al descender por el sendero tenebroso que conduce al valle, a la oscuridad que nos devora, podemos tomar la mano de Dios. Podemos descansar en la certeza de que él ya ha caminado por estas sendas. Y debemos caminar con calma, junto a él, recordando sus palabras: «Aunque *ande*...»

De modo que, usted que está sufriendo, ¡*camine*! ¡Nunca deje de caminar y de seguir caminando! No haga una pausa. No desfallezca. No vacile. Sólo avance. ¡Camine! Sepa que como la oveja que el Pastor ama y como la hija que Dios ama y con el Señor a su lado, usted caminará *por* el valle. El saber que el Buen Pastor no conduce a sus ovejas al valle de oscuridad para permanecer allí, sino sólo para pasar *por* él, reconforta nuestra alma. «Aun si voy *por* valles tenebrosos...»

La Caminata Por El Sendero

¡Ah! Todo es tan oscuro, ¿no les parece? Aquí abajo, en el valle, parece que no hubiera ninguna esperanza, ¿verdad?

Pero David no terminó su versículo ni su salmo *en* el valle de sombra de muerte. Ni tampoco nos detenemos y permanecemos aquí en esta terrible oscuridad. Ni el salmo de David ni este libro tienen el propósito de desanimar a las ovejas del Señor. ¡Oh, no! ¡Todo lo contrario! Porque, vean, toda sombra es producida por la luz. Es imposible tener sombra sin una luz.

Y, mis queridas, ¡nuestro Señor *es* luz! Y él, la luz del mundo (Salmo 36.9 y Juan 1.4-9), nos ha prometido que estará junto a nosotras en el camino. Él ilumina nuestro sendero... un paso a la vez... una curva a la vez.

Así sucedía con los pastores en la antigüedad, y quizás esa sea la imagen aquí. Aquellos pastores llevaban una lámpara hecha de pergaminos doblados en forma similar a los faroles chinos. Después de encender la pequeña lámpara de aceite dentro del farol, el pastor lo mantenía bien alto para que pudiera dar luz a sus pies—un paso a la vez—mientras que conducía a sus ovejas por la oscuridad—un paso a la vez.

Reflexionando sobre las promesas de Dios

A medida que usted y yo avancemos por los valles de oscuridad, es crucial que recordemos algunos hechos acerca de Dios:

Recuerde... nosotras caminamos por designio divino. Los valles en los que penetramos no son nunca accidentales o el resultado de algún error por parte de Dios. No, nuestro sabio, omnisciente, todopoderoso Señor Jehová nos *conduce* allí. Porque es él quien conoce el principio del fin, el resultado de cada uno de los senderos que tomamos. Él es quien ordena nuestros pasos (Salmo 37.23). Como dicen los Proverbios:

Recuerde... nosotras caminamos en la presencia divina. *No importan los giros y las vueltas, los enredos y los obstáculos en el camino, David declara: «Tú estás a mi lado». Nunca estaremos solas en el camino. Dios estará siempre con nosotras. Y él nunca falla.*

Anteriormente mencioné que estuve sentada tres días y tres noches junto al lecho de la querida madre de mi esposo, Lois, cuando ella se estaba muriendo y Jim estaba en Alemania enviado por el ejército para cumplir una misión. Durante mi vigilia, tarde una noche (ya pasada la medianoche), las enfermeras me dijeron que me fuera a mi casa y que tratara de descansar. Después de que me aseguraron que me llamarían si había algún cambio en las condiciones en que se encontraba Lois, me fui de su lado. Dos horas más tarde me arrancó de mi sueño el timbre del teléfono. Era el hospital para decirme que Lois había fallecido. Mientras corría hacia mi automóvil (me había dormido con la ropa puesta... por las dudas), lloré— ¡no de dolor, sino de ira! ¿Qué había ocurrido? ¿Por qué no me habían llamado antes? ¿Cómo era posible que Lois se hubiera muerto completamente sola?

Pero, oh, la preciosa promesa del Salmo 23.4 (RVR60): «Aunque ande en valle de sombra de muerte, no temeré mal alguno, porque *tú* estarás conmigo». ¡Oh, qué preciosa convicción! Y, ¡oh, qué bendito recordatorio! No, Lois no había estado sola. Ella había estado con su Amigo que está más junto a nosotros que un hermano (o un hijo o una nuera o una enfermera o un doctor). Ella había estado—¡y *estaba*!—con su Salvador, su Pastor, para siempre. Por cierto, ella nunca se había alejado de su presencia.

Recuerde... nosotras caminamos por gracia divina. En unos pocos minutos abordaremos el tema del aspecto del temor del valle de la sombra de muerte, pero por ahora sólo reconozcamos que Dios nos ha prometido que su gracia *es* y *será* suficiente para todas nuestras necesidades (2 Corintios 12.9). Cuando intentamos imaginarnos o anticipar los acontecimientos futuros experimentamos miedo. Pero la verdad es que *cuando* necesitemos la maravillosa gracia de Dios, ella estará allí.

Me encanta la historia que relata la autora Corrie ten Boom sobre la sabiduría que le comunicó su padre. Cuando Corrie era pequeña expresó su preocupación en voz alta diciendo: «Papá, yo no creo que pueda sufrir o ser una mártir para Jesucristo. Mi fe no es lo suficientemente fuerte».

Su padre, con toda paciencia, le respondió: «Corrie, cuando tú vas en tren desde Haarlem a Ámsterdam, ¿cuándo te doy tu boleto de tren? ¿Varios días antes?

—No, papá, el día que tengo que viajar.

—Lo mismo ocurre con Dios. Tú no tienes ahora la gracia para sufrir, pero si llegara el momento en que la necesitaras, él te la daría. Él te dará el boleto de tren justo a tiempo».[23]

Estoy segura de que esas palabras— ¡y la inmensa gracia de Dios!—fortalecieron a Corrie cuando fue prisionera y sufrió en un campo de concentración nazi durante la Segunda Guerra Mundial.

Recuerde... nosotras caminamos por propósito divino. ¿Y exactamente cuál es el propósito (o al menos uno de ellos) de los valles que tenemos que atravesar? Bueno, ¡es intimidad con el Pastor! Los valles no tienen el propósito de desalentarnos, ni de provocarnos, ni de inquietarnos. Los valles son meramente pasajes que nos conducen a una mayor intimidad con nuestro Señor. Así como debemos salir a la noche oscura para ver el brillo de las estrellas, así la presencia de Dios brilla con mayor esplendor en los valles de nuestra profunda oscuridad.

De manera que... amada peregrina, cuando camina por la oscuridad y la muerte, camine lentamente. Como alguien ha notado: «Es un gran arte el aprender a caminar por los lugares sombríos. No se apuren; en las sombras existen lecciones que debemos aprender y que nunca las podríamos aprender en la luz. Ustedes descubrirán algo sobre los ministerios de Dios que no sabían anteriormente. Cuando vamos por el valle de la sombra de muerte, nos acercamos tanto a él que miramos su rostro y no decimos: '*Él* está conmigo'—eso sería muy formal, muy lejano—sino que decimos: '*Tú* estás conmigo'»[24] ¡Ah, camine con él por sus valles oscuros hasta que confíe en él en la oscuridad de la misma manera en que confía en él en la luz!

El "No Temeré" Del Sendero

Cuando regresamos a nuestro Salmo, lo siguiente que hallamos es una de las decisiones más importantes de David en la Biblia: «No temeré mal alguno».

Y David tenía todas las razones del mundo para vivir una vida restringida por el miedo. Como adolescente se había enfrentado a leones y osos mientras que cuidaba los rebaños de su padre en las colinas solitarias y peligrosas de Israel. Había también enfrentado al gigante Goliat. Como hombre, David había sido tergiversado, acusado falsamente, y perseguido por Saúl. Lo forzaron a abandonar su propia casa y su ciudad para vivir en el desierto escondiéndose en cuevas. Como guerrero, David lideró y peleó en más de una batalla. Como pastor, él sabía que el miedo es uno de los peores enemigos de los rebaños de ovejas, haciendo que las ovejas se dispersen y se lastimen o incluso mueran. ¡Oh, sí, David conocía muy bien el miedo!

Pero David también conocía muy bien al Pastor. Por tanto, David aprendió a enfrentar las tragedias y los terrores de la vida *con* el Pastor y por lo tanto *sin* miedo. Él declaró con valentía: «No temo peligro alguno». ¿Por qué? Debido a la presencia de Dios: «Porqué *tú* estás a mi lado».

Nosotras tampoco, mis amigas, debemos tener miedo. ¿Y por qué? Porque nosotras también, al igual que David, caminamos *con* nuestro Señor. No importa lo que nos toque vivir, lo atravesaremos *con* el Pastor, en su presencia. No importa las pérdidas que experimentemos ni las presiones que suframos, marcharemos por ellas *con* nuestro Señor. No importa qué enemigos ni amenazas asalten nuestra vida o nuestros seres queridos, no debemos tener miedo, ya que él está *con* nosotras. Por cierto, él es «nuestro amparo y nuestra fortaleza, nuestra ayuda segura en momentos de angustia. Por eso, no temeremos...» (Salmo 46.1-2).

Y, por favor, apenas un dato aquí para ayudarnos a perder el miedo. En la Biblia, Dios nos dice más de ochenta veces: « ¡No teman...!» Por cierto, una orden que Jesús daba frecuentemente era: «No teman». «No se angustien».

Reflexionando sobre las promesas de Dios

Querida, no debemos temer. ¡Y punto! No le debemos tener miedo a nada, a ninguna persona, a ninguna situación, a ninguna calamidad, a ninguna posibilidad, a ninguna incertidumbre, a ninguna época, a ninguna pérdida. ¡Eso es todo! Todo temor por nuestra parte señala en voz alta una falta de fe en nuestro Señor... que está con nosotras, todos los días, durante todo el camino.

Y no debemos temerle a la muerte. Este capítulo ha tratado sobre nuestro andar por el valle de oscuridad, y verdaderamente, la realidad de la muerte forma parte de ese camino por el valle. Pero, vuelvo a repetirle, usted y yo no debemos tener miedo, ¡aun cuando andemos por el valle de la sombra de muerte! Y, una vez más le repito, ¿por qué no debemos temer? Y la respuesta una vez más es que ello se debe a que nuestro amado Pastor nos ha prometido que estará allí, justo allí, ¡*con* nosotras!

Aprendamos sobre el Pastor—del escritor que habló largo y tendido sobre estas palabras que se refieren a la muerte: « ¿Cómo puede ser oscuridad aquello en donde los hijos de Dios encuentran el cumplimiento del anhelo de su vida? ¿Cómo puede ser oscuro el tomar contacto con la luz de la vida?»[25]

Aprendamos sobre el Pastor—de la esposa del misionero Hudson Taylor, quien pronunció estas palabras de estímulo a su querido esposo que lloraba mientras que ella yacía en su valle de muerte: «Tú sabes querido que durante los últimos diez años no ha existido ningún estorbo entre yo y mi Salvador... así que no puedo estar triste de irme con él».[26]

Como lo declara una estrofa aleccionadora de poesía:

¿Temeroso? ¿De qué?

Sentir la feliz liberación del espíritu,

Pasar del dolor a la perfecta paz,

El cese de las luchas y presiones de la vida—

— ¿Temeroso—de eso?[27]

Aprendamos sobre el Pastor—del mártir John Stam que fue decapitado junto con su esposa en su valle, y quien escribió estas palabras a su familia y amigos cuando se oscureció la situación en China: «Si uno se va antes, tanto más pronto se disfruta la bendición de la presencia del Salvador, tanto más pronto se ve liberado de su lucha contra el pecado y Satanás».[28]

Aprendamos sobre el Pastor—de estas palabras leídas en el funeral de la querida suegra de una de mis amigas. «Piense...

... de llegar a una orilla y darse cuenta de que es el cielo;

... de respirar aire puro y darse cuenta de que es aire celestial;

... de sentirse fortalecido y darse cuenta de que es la inmortalidad;

... de pasar de la tormenta y la tempestad a una calma desconocida;

... de despertar y darse cuenta de que es el cielo;

... de tomarse de una mano y darse cuenta de que es la mano atravesada por los clavos de Jesús.[29]

Así que, amada...

Cante... cuando pase hacia adelante por el valle de sombra de muerte, y deje que las notas de su gozo vibren contra las paredes de ese valle.

Busque... un mayor conocimiento del Señor, su Pastor, familiarizándose fielmente con su omnipotencia y su omnipresencia según las revela su eterna Palabra.

Ingrese... con fe en todos los senderos, sabiendo que «El Señor es mi Pastor—no *era,* no *quizás*, no *será.* El Señor *es* mi Pastor, *es* los domingos, *es* los lunes, *es* durante todos los días de la semana; *es* en enero, *es* en diciembre, y todos los meses del año; *es* en mi casa, *es* en la China, *es* en la paz, y *es* en la guerra; *es* en la abundancia y *es* en la pobreza. *¡El Señor es mi Pastor!*»[30]

... ¡y él está siempre con ustedes!

8

La promesa de Dios de Aliento

No temeré mal alguno, porque tú estarás conmigo;
Tu vara y tu cayado me infundirán aliento.
SALMO 23.4 RVR60

Alabado sea el Dios y Padre de nuestro Señor Jesucristo, Padre misericordioso y Dios de toda consolación, quien nos consuela en todas nuestras tribulaciones...
2 CORINTIOS 1.3-4

¡Tengan aliento! El Señor que está siempre presente está allí... en la quietud junto a las aguas tranquilas... y en el temblor de las montañas; en la casa y en el hogar... y en el hospital; en las acusaciones... y en la absolución; en el juicio... y en el triunfo; en el dolor... y en el placer; en las épocas de actividad... y en la vejez; en la prisión... y en el paraíso.
Él está allí cuando cruzamos las aguas... y cuando cruzamos los ríos... y cuando caminemos por el fuego.

Elizabeth George

No fue espléndido pasar todo un capítulo contemplando la asombrosa presencia de nuestro maravilloso Señor? Ah, cuán benditas somos de poder permanecer en la luz de la presencia de aquél que conoce cada uno de nuestros movimientos, pensamientos, y palabras, y que está familiarizado con todos nuestros caminos. Por cierto, tal conocimiento es demasiado maravilloso para mí. Es tan sublime que no puedo entenderlo (vean el Salmo 139).

Pero, por favor, quedémonos allí un ratito más. Aprendamos algo más sobre lo que la presencia del Señor debería significar para nosotras. Pensemos un poco más en el consuelo que podemos disfrutar en su compañía mientras viajamos por el oscuro y amenazante valle de las sombras—o cualquier otro sendero que Dios haya elegido para nosotras.

David escribió estas palabras cargadas de promesas: *No temeré mal alguno, porque tú estarás conmigo; tu vara y tu cayado me infundirán aliento*. Sabemos que David no era sólo un pastor sino que era también un guerrero. Y sin embargo, David el guerrero nos hace saber que, en los momentos oscuros y terribles de la batalla, él no encontró su aliento en la debilidad de su enemigo ni en su propia fortaleza. No, él encontró aliento en la promesa singular de que el Señor estaba con él—totalmente armado con su vara y su cayado.

Cuando David escribe las cuatro palabras: «porque tú estarás conmigo», él habla de la omnipresencia del Señor, del hecho de que Dios está siempre con nosotros. Y este pensamiento nos conduce a otro nombre de Dios. Todo a lo largo del Salmo 23, hemos estado observando algunos de los nombres de Dios que su amada canción parece ilustrar. Y aquí, en el versículo 4, no podemos evitar pensar en *Jehová-sama*, lo cual significa: «Aquí habita el Señor».

Aquí Habita El Señor: Jehová-Sama

Como ha ocurrido con los otros nombres y características de Dios que hemos considerado en este libro, hay una historia detrás de *Jehová-sama*. Este nombre de Dios aparece en el Antiguo Testamento en el libro de Ezequiel. Aquí se encuentran algunos datos para ayudarnos a comprender mejor:

> Ezequiel era un de los profetas de Dios que fue llevado como cautivo a Babilonia junto con el pueblo de Dios (Ezequiel 1.1).
>
> Dios le pidió a Ezequiel que anunciara a la nación de Judá que ellos habían sido destruidos y sacados de su tierra natal debido a sus pecados (Ezequiel 2.5).

¡Ni hablemos de oscuridad! Israel se encontraba en el punto de mayor decadencia de su historia. Y, debido a su castigo, el pueblo de Dios había pasado de ser un pueblo orgulloso, de corazón endurecido a ser un pueblo quebrantado espiritualmente. A pesar de que habían sido orgullosos y obstinados, al fin habían llegado al lugar (lejos de su tierra natal querida y como esclavos de un gobierno extranjero) donde vivieron en humillación y verdadera pena por sus pecados. De hecho, su dolor era tan profundo que ni siquiera podían entonar sus amadas canciones sobre la belleza de Sión, de Jerusalén, sino que en cambio colgaron sus arpas de los sauces... y lloraron (Salmo 137 RVR60).

Como un destello que atravesó los oscuros cielos que pendían sobre esta escena de dolor (verdaderamente un valle de oscuridad para el pueblo de Dios), vino la deslumbrante promesa de esperanza y aliento de Dios según las palabras que pronuncia Ezequiel: Dios *restauraría* la tierra de Judá y su pueblo *regresaría* a ella. Y así como Ezequiel anunció aquello cuando ellos llegaron finalmente «a casa», Jehová también estaría allí. En *Jehová-sama* (Ezequiel 48.35 RVR60), tenemos la promesa de Dios de restauración, aliento y esperanza. «Aquí habita el Señor».

Sé que este nombre de Dios, *Jehová-sama,* «aquí habita el Señor», suena reconfortante y fortalecedor, y despierta sentimientos de alivio y confianza. Pero contiene algo más que una simple emoción. La particularidad y gloria de la religión de Israel había sido siempre la presencia de Dios habitando en medio de ellos. Ya fuera por medio del ángel del Señor o de su gloria que moraba en la nube y en la columna de fuego y en el tabernáculo y en el templo de Dios, Dios estaba presente con su pueblo. El vivía en una ciudad: la Ciudad de Dios (que significa literalmente *Jehová-sama*, Aquí habita el Señor). Y él era el ayudador de su pueblo. Lejos de Sión, la Ciudad de Dios, había confusión y tumulto, guerra y ruina. Pero en Sión y junto a Dios había seguridad, protección y tranquilidad. ¿Por qué? Porque allí habitaba el Señor: Jehová-sama.

Estoy segura de que ustedes pueden ver por qué los israelitas anhelaban volver a su tierra. ¡La esperanza de la presencia de Dios estaba allí!

Reflexionando sobre las promesas de Dios

Cuando David describió «el valle de sombra de muerte», tomó conciencia de la presencia de Dios y de la presencia de Dios con él allí. Y, querida mía, esa es la razón por la cual usted y yo también, como preciosas ovejas de Dios, podemos caminar por todos los valles oscuros sin temor alguno. ¿Por qué habríamos de tener miedo si caminamos en la presencia de Dios, nuestro Pastor? ¿Por qué habríamos de temer si el Señor está allí?

Permítame que vuelva a compartir con usted una de mis promesas favoritas de la Biblia:

> Dios es nuestro amparo y nuestra fortaleza, nuestra ayuda segura en momentos de angustia. Por eso, no temeremos aunque se desmorone la tierra y las montañas se hundan en el fondo del mar; aunque rujan y se encrespen sus aguas, y ante su furia retiemblen los montes. Selah (Salmo 46.1-3).

¿Cómo se convirtió esta promesa en una de mis favoritas? Bueno, yo la había memorizado porque me encanta su sentir. Me gustaba el «sentimiento» que yo experimentaba cuando pensaba en el hecho de que mi Dios era mi ayuda segura en momentos de angustia.

Pero luego un día, el 17 de enero de 1994, la tierra debajo de mis pies se movió y las montañas a mi alrededor se sacudieron. Ese fue el día del devastador terremoto de 6.8 de Northridge, California. Northridge se encuentra situada a tan sólo tres millas de mi casa... y 52 personas murieron ese día a causa del terremoto.

¡Un temblor es una cosa, pero un terremoto con todas las de la ley es otra! ¡Y un terremoto es una cosa, pero un terremoto a las 4:31 de la madrugada, en lo más profundo de la noche es otra! ¡Y un terremoto experimentado junto a otra persona es una cosa, pero un terremoto experimentado a las 4:31 de la madrugada, en lo más profundo de la noche y *a solas* es otra!

De manera que, amiga mía, trate de imaginarme a mí y un terremoto asesino de 6.8, a las 4:31 de la madrugada... sola. En el terror de esa noche oscura, me siento contenta de poder declarar que el versículo 4 del Salmo 23 me vino a la mente en mi valle de oscuridad: *Sí, aunque ande en valle de sombra de muerte, no temeré mal alguno, porque tú estarás conmigo.* Yo estaba allí... *en* ese valle, ¡pero *él* también estaba allí conmigo!

Y a medida que rodaban y rugían, una tras otra, las gigantescas réplicas del terremoto por nuestra zona, con tan sólo unos pocos minutos de diferencia entre ellas, causando una devastación y terror aún mayores en esa noche físicamente oscura (ya que carecíamos de electricidad en muchas millas a la redonda), el Salmo 46 también vino a rescatarme como un susurro que surgió de lo más profundo de mi corazón: *Dios es nuestro amparo y nuestra fortaleza, nuestra ayuda segura en momentos de angustia. Por eso, no temeremos...*

En ese momento, allí mismo, conocí la presencia y el aliento que el Señor nos ha prometido. Conocí a *Jehová-sama.* Al Señor que está siempre presente. Él está allí... en la quietud junto a las aguas tranquilas... y en el temblor de las montañas; en la casa y en el hogar... y en el hospital; en las acusaciones... y en la absolución; en el juicio... y en el triunfo; en el dolor... y en el placer; en las épocas de actividad... y en la vejez; en la prisión... y en el paraíso. Él está allí cuando cruzamos las aguas... y cuando cruzamos los ríos... y cuando caminemos por el fuego (Isaías 43.2). ¡Jehová-sama! ¡Él está allí!

Es increíble pensar que...

¡Señor de todo lo que existe! Entronizado a lo lejos,
Tu gloria relumbra desde el sol y las estrellas;
Centro y Alma de toda esfera,
¡Y sin embargo cuán cercano al corazón que te ama![31]

Tú estás a mi lado. ¡Tan cerca! Por eso, ¡no temeremos!

El Aliento Se Encuentra Allí

Sí, aunque ande en valle de sombra de muerte... A pesar de que el valle tenebroso es uno de los senderos de Dios, el viaje por el valle no es muy placentero. Es un camino rodeado de peligros constantes. Hay rocas y peñascos. Hay temperaturas extremas. Hay senderos por el desierto y por las montañas escarpadas. Hay serpientes venenosas. Hay animales salvajes que merodean por allí.

Reflexionando brevemente sobre las promesas de Dios

Un clérigo inglés, F. B. Meyer, escribió y nos recordó lo siguiente: «Si nos han dicho que estaremos viajando por un sendero desigual, ¡entonces cada sacudida en el camino simplemente nos confirma que estamos aún en la senda correcta!»[32]

Así que, una vez más, queridas mías, ¡tengan aliento! ¡Dios, nuestro Pastor, está armado! Por tanto, como sus amadas ovejas no tenemos nada que temer, ya sea de día o de noche. ¿Por qué? Porque en la mano del Pastor se encuentran dos herramientas nada desdeñables que aportan aliento a nuestros corazones. *Tu vara y tu cayado me infundirán aliento*. Ustedes y yo, a medida que avanzamos por la vida, tenemos la promesa del aliento de Dios.

La Vara Está Allí

Permítanme describir la vara de un pastor. Es un instrumento que cuelga del costado del pastor o que está enfundado en una bolsa larga y angosta que se encuentra sujeta a su capa. Por lo general, está hecha de madera de roble y tiene dos pies de largo, y proviene de un árbol tierno y erguido, cuidadosamente elegido. Después de cortar el roble, se recorta el bulbo que se encuentra al comienzo de las raíces y que tiene aproximadamente el tamaño del puño cerrado de un hombre, para formar la empuñadura de la vara. A continuación se talla un agujero a través de la vara para que pueda atarse al cinturón del pastor o para colgarlo de su muñeca como un látigo de montar. A veces le clavan a la vara unas púas de metal de dos pulgadas de largo para que con un solo golpe pueda matar a un animal o víbora que esté atacando.

La mayoría de nosotras sabemos que las ovejas no tienen ninguna defensa. Dios no les dio garras, ni cuernos, ni velocidad, ni colmillos, ni espinas, ni caparazones, ni dientes filosos. No, todo lo que la pobre oveja tiene como defensa es el pastor y su vara. Armado con este instrumento de protección y muerte, el pastor puede conducir a sus ovejas por pastos altos, batiendo la vara de un lado a otro para asustar a todo posible enemigo, y para preparar el camino para sus ovejas. Y con esta herramienta de defensa, el pastor puede rechazar todo ataque de los enemigos del rebaño: águilas, víboras, animales salvajes, pumas, osos, lobos, coyotes, e incluso ladrones.

Reflexionando sobre las promesas de Dios

Debo confesar verdaderamente algo: a veces me siento como una mujer cristiana indefensa, algo así como una oveja sin garras, cuernos, velocidad, colmillos, etc. Mientras que algunos pueden utilizar su lengua y batir sus «derechos»—e incluso sus puños—de un lado a otro, Dios le pide a sus mujeres que tengan un espíritu de quietud y mansedumbre. Somos llamadas a poseer un espíritu suave y apacible (1 Pedro 3.4). Dios premia la bondad y la dulzura en nosotras (Proverbio 11.16).

Pero como dice nuestro Salmo: *Tu vara y tu cayado me infundirán aliento*. Puedo encontrar aliento en la promesa de que *Dios* se ocupará de mí. Él vendrá siempre a mi rescate cuando lo necesite. Él mi guiará también con su sabiduría. ¡El Señor está siempre allí, y es él quien aplastará a mis enemigos! Medite, querida hermana, en algunas de mis promesas favoritas. He añadido mi propio énfasis a cada una de ellas para destacar sus promesas. Espero que la reconforten tanto como a mí:

> *Hará* que tu justicia resplandezca como el alba; tu justa causa, como el sol de mediodía (Salmo 37.6).
>
> Clamo al Dios Altísimo, al Dios que *me* brinda su apoyo (Salmo 57.2).
>
> Con Dios obtendremos la victoria: ¡*él* pisoteará a nuestros enemigos! (Salmo 60.12).
>
> Estaré con él en momentos de angustia; lo libraré... (Salmo 91.15).
>
> No bien decía: «Mis pies resbalan», cuando ya tu amor, SEÑOR, *venía* en mi ayuda (Salmo 94.18).
>
> *El SEÑOR* cumplirá en mí su propósito (Salmo 138.8).

El Cayado Está Allí

Dios no sólo nos defiende—también nos dirige. No sólo nos protege—también nos señala el camino. ¿Cómo? «Tu vara y tu *cayado* me infundirán aliento».

¿Y qué exactamente es el cayado del pastor? Es un palo mucho más largo que la vara, que mide algo así como seis pies de largo. Permite que el pastor trepe por las rocas para evaluar la estabilidad de las mismas antes de llevar a sus ovejas allí. Con su cayado, un pastor puede examinar las grietas y las cuevas para detectar la presencia de víboras y escorpiones que podrían dañar a sus ovejas. Y utiliza también su cayado para pinchar a las ovejas holgazanas y para separar a aquellas que se estén peleando.

El cayado del pastor tiene también un doblez en uno de sus extremos, parecido al extremo de un bastón. Durante siglos, se ha utilizado al cayado con su mango como un instrumento de guía y restricción, y ha llegado a simbolizar el sabio control del pastor sobre sus ovejas. Por ejemplo, es posible utilizar el mango para rodear con él el cuello de la oveja para refrenarla o guiarla. El mango puede también impedir que una oveja se caiga. Y este maravilloso instrumento es blandido para rescatar a las ovejas. Si una oveja se cae, el pastor puede girar la empuñadura hasta que enganche la lana de la oveja y luego levantar a la oveja hasta que vuelva a estar nuevamente de pie.

Oh sí, el cayado tiene un inmenso valor para el pastor que cuida a sus ovejas. Él lo puede utilizar para reunir al rebaño y para impedir que se aleje. Lo puede utilizar para devolverles a las ovejas hembras sus corderitos. Cuando cae la noche, puede utilizarlo para golpear suavemente la cabeza de cada una de sus ovejas para contarlas a medida que entran en el redil. Y el pastor usa su cayado para comunicarse con sus ovejas cuando caminan y se desplazan por los muchos senderos juntos. Un toque del cayado se convierte en un gesto de intimidad mientras que caminan, aun cuando el pastor sea mucho más alto que sus ovejas.

Y sí, el cayado se utiliza también para obligar a las ovejas a seguirlo. Por ejemplo, un golpecito en la pata de atrás lleva a la oveja a su lugar, y un golpecito en la cabeza de la oveja que va al frente hace que ésta se acueste de modo que las demás hagan lo mismo.

Reflexionando sobre las promesas de Dios

Escuche ahora estas bellas palabras de una de las ovejas de Dios:

> Por desgracia, no siempre seguimos a nuestro Señor. A veces, nuestro empeño se agota. La llama

de nuestra pasión por Cristo comienza a extinguirse. Nuestro corazón se enfría. La oración se convierte más en una carga que en un placer. El entusiasmo por la lectura de la Biblia se apaga, mientras que el celo por ganar almas perdidas para Cristo desaparece. Nos convertimos en un derrumbe espiritual. Pero alabado sea Dios, ¡él nos comprende! Su amor no nos permitirá apartarnos de él. A pesar de que nos encontremos alejándonos de su lado, de repente sentimos que el cayado de su amor tironea nuestros corazones.[33]

¡Oh, el toque del cayado del Pastor! ¡Cómo deberíamos darle la bienvenida... incluso anhelarlo! Y, ¡cómo debería reanimarnos! Es la prueba de su presencia y la prueba de su amor eterno. En él encontramos su aliento a medida que nos toca y nos guía y nos cuida con su cayado.

Y ahora, mis queridas amigas, antes de volcar nuestros pensamientos a lo que sigue y trasladarnos a otras poderosas promesas del Salmo 23, por favor revisemos estos «Cinco pasos para manejar el dolor de manera exitosa»:

Recuerde el lugar: *el valle de sombra de muerte.*

Recuerde la declaración: *no temeré mal alguno.*

Recuerde la presencia de Dios: *porque tú estarás conmigo.*

Recuerde la protección de Dios: *tu vara y tu cayado.*

Recuerde la promesa de Dios: *ellos me infundirán aliento.*

9

La promesa de Dios de Amistad

Dispones ante mí un banquete…
Has ungido con perfume mi cabeza; has llenado mi copa a rebosar.
SALMO 23.5

Y hay amigos más fieles que un hermano.
PROVERBIO 18.24

En medio de la aflicción, mi mesa está tendida;
Con bendiciones infinitas, mi copa está rebosando;
Con perfumes y aceites tú unges mi cabeza;
Ah, ¿qué más puedo pedir de tu providencia?

J. Montgomery

En la casa de nuestro Padre podemos
Pasar del frío... al calor del hogar.
Pasar de la soledad... a la comunión.
Pasar de la guerra... a la paz.
Pasar de la oscuridad... a la luz.
Pasar del peligro... a la seguridad.
Pasar del hambre... al festín.
Pasar de la enemistad... a la amistad.
Elizabeth George.

Imagínense una escena como ésta...

Están en el desierto. Son fugitivas. Tienen calor y respiran agitadamente mientras que corren para poder salvar su vida, perseguidas y cazadas por las fuerzas de un feroz enemigo. Por fin ven una tienda de campaña. Desesperadas, corren hacia ella, agotando la última gota que les queda de energía. Por fin tocan la soga de la tienda de campaña, se atreven a levantar la portezuela... y, de repente, al entrar se dan cuenta de que ustedes son «las invitadas de honor». Y, como invitadas, ¡están protegidas!

Ahora imagínense a David, quien había pasado muchos de sus días y de sus noches siendo perseguido por sus enemigos, como el pintor de este cuadro tan simpático. En el Salmo 23, versículo 5, escribe: *Aderezas mesa delante de mí en presencia de mis angustiadores; unges mi cabeza con aceite; mi copa está rebosando* (RVR60). Ya hemos aprendido que en más de una ocasión, la vida de David estaba en peligro. Y una revisión rápida nos revela algunos de esos incidentes.

Como joven pastor, David no sólo peleó con leones y osos sino también contra el gigante Goliat.

Como siervo del rey Saúl, David experimentó más de un intento de asesinato por parte del mismo hombre a quien servía.

Como guerrero, David peleó y aniquiló a sus «diez miles» (1 Samuel 18 RVR60).

Después de que su esposa Mical (la hija de Saúl) lo ayudara a escapar de la casa del rey Saúl, David pasó los siguientes años escapando de la furia de Saúl.

En búsqueda de alimentos, refugio y una espada, David se escapó al paraje sacerdotal de Nob.

David luego corrió al rey de Gat para evitar la muerte en manos de los filisteos.

Como «forajido», David se instaló en una cueva en el desierto. Allí, en esa región inhóspita y montañosa, David fue cazado como los animales que habitaban allí.

Aun como el rey de Israel, David se vio obligado a escapar al desierto para salvar su vida— ¡de su propio hijo!

Fue este mismo David, David el fugitivo, quien escribió sobre el hallazgo de un anfitrión generoso, una provisión suntuosa... y ¡un amigo!... mientras que era víctima de una persecución.

Reflexionando sobre las promesas de Dios

Quizás nuestras experiencias con huidas y persecuciones no sean tan literales ni tan espantosas como las de David, pero nosotras también tenemos nuestros enfrentamientos con enemigos. Existen individuos que nos hacen la vida difícil, que nos hostigan, que nos bloquean, que nos calumnian, que se deleitan en nuestras desgracias, que nos persiguen. Existen aquellos que nos atacan, que asumen una parte activa en contra de nosotras, que nos acosan, que nos intimidan, nos critican y nos fastidian constantemente. Existen también otros cuya misión parece ser la de crearnos tensiones, asegurándose de que nunca podemos relajarnos y estar tranquilas.

Nunca dejo de pensar en la querida Ana, una mujer de la Biblia (vea 1 Samuel 1), quien experimentó de manera directa la promesa y la realidad de la amistad de Dios. Sin hijos y provocada sin descanso por la otra esposa de su marido, Ana no tenía dónde ir. Sí, Ana ciertamente caía dentro de la categoría de aquella que es perseguida sin misericordia por una enemiga, una adversaria, una rival que, año tras año, la censuraba y hostigaba, burlándose y riéndose de su infecundidad.

Sin embargo, cuando Ana se dirigió a la casa del Señor a adorar, ella, por así decirlo, levantó la portezuela de la tienda... y entró en la presencia y provisión del Señor. Allí en Siló, ella volcó sus problemas y angustias en Jehová, un Amigo que es más fiel que un hermano (y, en el caso de Ana, que un esposo). En la presencia de Dios, ella encontró descanso, camaradería, ayuda y salud. Ana se alejó de allí recuperada, restablecida y extasiada.

Usted también tiene un amigo en Dios nuestro Señor, quien nos brinda alivio de nuestros enemigos y problemas. Usted también puede entrar en la presencia de Aquél que provee un remanso de paz mientras que estamos huyendo. ¿Necesita visitarlo a él ahora? Tan sólo levante la portezuela de su tienda... ¡y deléitese en el Señor y en su amistad!

El Servidor

¿Han notado el cambio en el lenguaje cuando ingresamos en el versículo cinco? Así como cambia el escenario en una obra de teatro entre los distintos actos, aquí, en el Salmo 23, hay también un cambio de escenario. En este versículo aparece una nueva imagen, la imagen de un anfitrión y su invitado. Y de repente pasamos de un viaje *con* el Señor nuestro Pastor en el desierto y en los campos por los que nos conduce como sus ovejas... a una escena de generosa hospitalidad y amistad *en el interior* de su tienda u hogar. La escena cambia para mostrar al salmista como un huésped de honor, disfrutando de la cálida hospitalidad que es tan característica del Medio Oriente donde transcurre el Salmo 23. Repentinamente la imagen del pastor y sus ovejas se reemplaza con una imagen de intimidad humana, una imagen de festividad y amistad.

Además, nuestro salmo está avanzando. ¿Han podido seguir ese avance? En el versículo cuatro, al darnos cuenta de su protección divina cuando atravesamos épocas difíciles en el valle de oscuridad, incluso la oscuridad de la muerte, nos acercamos más íntimamente a Dios. Aprendimos que mientras estamos en ese valle, podemos exclamar: « ¡Tú estás conmigo!» Experimentamos la naturaleza y el alcance de la protección y el consuelo de Jehová.

Pero ahora, en nuestro versículo actual, ustedes y yo estamos invitadas a concentrarnos en la promesa de su protección y la bendición de su amistad: *Aderezas mesa delante de mí en presencia de mis angustiadores; unges mi cabeza con aceite; mi copa está rebosando* (RVR60). Hemos necesitado, a lo largo de todo el camino, su protección, guía y provisión. Pero aquí experimentamos además la magnificencia de su amistad.

Las Provisiones

David escribe: *Aderezas mesa delante de mí.* Ya hemos visto quién es nuestro servidor y anfitrión: es el Señor mismo. Sin embargo, ahora se nos permite vislumbrar las provisiones que nuestro Anfitrión ha depositado sobre su mesa.

¡Y es verdaderamente algo digno de verse! Ah, el trabajo. Y ah, ¡el trabajo que se ha tomado para desplegar semejante banquete! Entiendan, la mesa está *preparada...* preparada para ustedes. Ustedes no son invitadas inesperadas, sino anticipadas. No son huéspedes de paso, sino invitados. Éste no es un bocadillo rápido donde se ha preparado algo (o algunas sobras de comida) a último momento, sino que es algo que ha sido elaborado cuidadosamente en forma anticipada. No, la mesa ha sido dispuesta elaboradamente, y literalmente y generosamente cubierta de comida.

Por cierto, esta escena es el prototipo de la mesa dispuesta por la mujer sabia del Proverbio 9.2 y de la magnífica mesa final preparada por Cristo para su esposa (Apocalipsis 19.9).

Reflexionando sobre las promesas de Dios

Como amigas de Dios, mi querida compañera de viaje, usted y yo no debemos preocuparnos nunca por las provisiones de Dios. Como declaró anteriormente David: *nada me faltará*. Cuando Dios escoge alimentar un alma, ¡bien alimentada será! No, *jamás* llegará el momento en que la mesa de Dios esté desprovista de alimentos. Por cierto, ¡Dios hasta puede aderezar una mesa y ofrecer un banquete en medio del desierto (Salmo 78.19)!

Hace poco leí un artículo sobre una pareja que le anunció a su familia que no festejarían más Navidad, ni el Día de acción de gracias, ni Pascuas, ni tampoco los cumpleaños, diciendo que las compras, y la preparación de la comida, y las cenas familiares eran algo muy molesto. En cambio, se sentarían cómodamente en el sofá con una buena pila de libros o se relajarían frente a la televisión para mirar una docena o más de películas. ¡Las preparaciones y las reuniones familiares quedaban canceladas ya que se las consideraba una pérdida de tiempo!

Sin embargo, querida hija de Dios, *él* dispone una mesa para usted y para mí. Él prepara lo mejor. Y él prepara lo mejor para nosotras mientras caminamos y transitamos por la vida. Él prepara también por anticipado: adereza su mesa de banquete, y espera que nosotras, las amigas viajeras cansadas, levantemos la portezuela de la tienda... y le permitamos que nos ministre. El pensamiento de semejante amor tan espléndido puede a veces (según lo cansada o lastimada que esté) hacerme llorar. Esto, preciosa, es *nuestro* Dios, el que prepara una mesa en el desierto para nosotras cuando estamos agotadas y cansadas— ¡y rendidas!

Y, entre paréntesis, como la servidora de su hogar, ¿está usted aderezando una mesa para su querida familia y para aquellos dentro de su esfera de ministerio? ¿Está usted derramando su amor en preparaciones compasivas y generosas para los miembros cansados y rendidos de su familia? ¿Está ya dispuesta su mesa? ¿Preparada? ¿Aderezada? ¿Tendida con los alimentos que necesitan para sostener su labor y las batallas que debe pelear cada uno? Así como nuestro Padre celestial provee para nosotras, también nosotras tenemos el privilegio de proveer para los que amamos. ¡Y *él* dispone ante nosotras un banquete!

El Estilo

Antes de observar la protección que ofrece nuestro Soberano a sus huéspedes, pongámosle fin a su mesa y prestemos atención al estilo con el cual sirve a sus amigos. Existen dos marcas adicionales de su hospitalidad, y su amistad, y su generosidad hacia su pueblo cansado.

Primero, la unción de la cabeza. En las palabras de David: *unges mi cabeza con aceite.* (¡Oh, cuán espléndido es nuestro santo Anfitrión! ¡No sólo nos alimenta, sino que también nos unge!) En otro gesto de bondad más, él unge la cabeza de su invitado con aceite perfumado. Éste es un acto indudable de lujo, ya que el aceite es algo muy costoso. Es también un símbolo de festividad, ya que el aceite de alegría siempre reemplaza al luto (Isaías 61.3). Y es una señal de alegría, ya que el aceite y el perfume alegran el corazón (Proverbio 27.9).

Los químicos nos dicen que el aceite nos brinda tres placeres extraordinarios y posee tres cualidades sobresalientes:

Tacto: el aceite proporciona suavidad.
Vista: el aceite da brillo.
Olfato: el aceite ofrece una fragancia.

Los tres elementos combinados gratifican a los sentidos y son una fuente de deleite para la persona que ha sido ungida. Imagínense al viajero agitado y perseguido... invitado a participar de algo que lo alegra tanto, obsequio de un anfitrión amistoso y generoso.

Segundo, la copa llena a rebosar. David añade: *mi copa está rebosando.* La magnitud de la provisión de Dios incluye una copa rebosante. Ésta es la copa que se utiliza para tomar un líquido durante una cena o banquete. Grande y profunda, su contenido tenía el propósito de satisfacer al sediento, refrescar el cuerpo, y fortalecer el alma. Llena a rebosar—así está la copa del invitado de Dios. Y aquél que tenga la fortuna de beber de ella, estará lleno y saturado.

Por cierto, como ocurre con todas las demás provisiones de Dios para nosotras como sus amadas amigas, esta copa también está colmada y repleta, llena hasta derramarse.

Reflexionando sobre las promesas de Dios

No hay ninguna duda al respecto: la provisión de nuestro Señor para nosotras, sus amigas, demuestra consideración y abundancia. Cuando llegamos, cansadas y frenéticas, al refugio de su tienda de campaña en el desierto, y abrimos la portezuela de la misma y contemplamos el tesoro de su mesa—una mesa que ha sido preparada y aderezada y que nos espera—vemos gran cantidad de alimentos necesarios. Pero, querida mía, además está el aceite de su alegría y la copa rebosante que lo excede a todo. Estamos verdaderamente azoradas por la abundancia de Dios (¡y ni mencionemos su increíble bondad con nosotras!).

El sustento, el aceite y la copa rebosante cumplen bien su cometido y nos reviven. Ellos, de manera simultánea, nos apoyan, estimulan y deleitan. Ciertamente, hacen que nuestro rato a la mesa de Dios sea un festival de alegría.

Cuando pensamos en todas las riquezas de la gracia que tenemos en Dios nuestro Señor, deberíamos comenzar a reconocer agradecidas: *has llenado mi copa a rebosar*. Como ha escrito alguien:

Nada estrecho, ninguna carencia
Sale jamás de la provisión de Dios;
A los suyos brinda medida completa,
Llena y rebosante por siempre jamás.[34]

Un Muestrario De Bendiciones

¡Cuán benditas somos, mis queridas, de ser llamadas «amigas» por el Dios Soberano de todo el universo! ¡Sólo piensen en ello! Nuestro divino anfitrión es el asombroso, todopoderoso, omnisciente, siempre presente Dios. Y, sin embargo descubrimos que él es también nuestro Amigo. Y antes de dejar atrás este pensamiento extraordinario (que además nos ayuda a ser más humildes), deseo hacer una pausa y considerar algunas de las muchas bendiciones que ustedes y yo descubrimos en la amistad de Dios aquí mismo, en el versículo cinco. Pasemos un pequeño rato maravillándonos de todo lo que promete ser esta visita con nuestro Anfitrión tan amigable...

Diez reflexiones sobre las promesas de Dios

1. *Mayor intimidad*: Una cosa es ser una oveja con el Pastor, pero otra muy diferente es ser un invitado en su casa. En la casa de nuestro Padre hay plenitud de gozo y delicias para siempre (Salmo 16.11).

2. *Cuidados divinos*: Los cuidados de Jehová se expresan en el hecho de que él mismo prepara una mesa para nosotras. Imagínese el gozo de festejar en la presencia de Dios, en su mesa, y con comida preparada por él. Por cierto, ¡nada nos faltará!

3. *Servicio caritativo*: Dios, nuestro Anfitrión celestial, unge nuestra cabeza con aceite y llena nuestra copa a rebosar. Podemos declarar junto con David: «SEÑOR y Dios, ¿quién soy yo... para que me hayas hecho llegar tan lejos?» (2 Samuel 7.18).

4. *Un remanso de paz en un mundo hostil*: El salmista habla de los enemigos, pero ningún enemigo puede acercarse más de lo que está Dios. No importa por dónde deambulemos, y no importa cuántos enemigos nos persigan, y no importa cuán difícil sea el camino, sólo necesitamos levantar la portezuela de su divina tienda... y disfrutar un descanso para nuestra alma. Todos aquellos que encuentren su refugio en el Señor, no sólo encontrarán un Amigo, sino también descanso, refrigerio, relajación, renovación y avivamiento.

5. *Un refugio de las tormentas de la vida*: En la casa de nuestro Padre podemos pasar del frío... al calor del hogar. Pasar de la soledad... a la comunión. Pasar de la guerra... a la paz. Pasar de la oscuridad... a la luz. Pasar del peligro... a la seguridad. Pasar del hambre... al festín. Pasar de la enemistad... a la amistad.

6. *Una calurosa bienvenida*: Cuando llegamos, nos damos cuenta de que se nos aguardaba. Se anticipaba nuestra llegada. Nos saludan. Se han hecho preparativos de antemano. Nuestro anfitrión nos estaba aguardando para rodearnos con sus brazos en señal de amistad.

7. *Un lugar para hacer una pausa*: Cuando estamos corriendo de un lado a otro, de un acontecimiento a otro, siempre podemos detenernos en la casa de nuestro anfitrión. Nos detenemos. Respiramos profundo. Hacemos una pausa. Nos deleitamos. Cenamos. Descansamos. Tenemos comunión. Nos reagrupamos. ¡En la presencia de Dios encontramos el cielo en la tierra!

8. *Un hospital*: Cuando llegamos cansadas y agotadas, demacradas y sin aliento, golpeadas y lastimadas, sangrando y aterrorizadas, él unge nuestra cabeza y lava nuestras heridas con aceite para sanarlas.

9. *Un corazón generoso*. En la intimidad de su casa, nuestro anfitrión ronda a nuestro alrededor, buscando la oportunidad de atendernos generosamente, continuamente llenando nuestra copa mientras bebemos de ella. Él se deleita en servirnos una porción abundante.

10. *La bendición de la amistad*: Aquí nuestro Anfitrión es la imagen de la verdadera preocupación, de la sociedad y la confraternidad, de todo lo que proviene del corazón de un verdadero amigo: lo espléndido del aceite de alegría y la copa rebosante de bendiciones de toda clase. Dios es nuestro Amigo prometido.

Es absolutamente cierto—así como lo promete el Salmo 23, ¡el Señor siempre satisface las necesidades de su pueblo!

Él prepara la mesa ante mis ojos,
Su infinita gracia otorga;
¡Y, ah, que corriente de delicias
De su cáliz puro fluye![35]

10

La promesa de Dios de Protección

... en presencia de mis enemigos.
SALMO 23.5

¡Sálvame, Señor mi Dios,
Porque en ti busco refugio!
¡Líbrame de todos mis perseguidores!
SALMO 7.1

Mi vida entera está en tus manos;
Líbrame de mis enemigos y perseguidores.
SALMO 31.15

Nuestros enemigos no tienen poder porque nuestro Dios soberano y todopoderoso controla el universo—y eso incluye el control de aquellos que son nuestros enemigos. ¡Ellos no pueden frustrar el buen plan de Dios ni la protección y victoria que él ha prometido!

Elizabeth George

Aún recuerdo vívidamente uno de esos momentos en que ni se escucha el zumbido de una mosca. Era un domingo a la mañana, y nuestra congregación estaba sumida en un profundo silencio mientras que nuestro pastor nos relataba la historia de un misionero que ministraba a caníbales. Parece que la esposa de este querido hombre se había muerto en el barco que traía a la pareja a su nueva estación misionera. Cuando el barco finalmente atracó en el puerto, el esposo apesadumbrado enterró a su esposa en las orillas de su nuevo puesto de avanzada y acampó durante varios días y noches junto a la sepultura de su esposa para proteger su cuerpo de los caníbales.

Más adelante, cuando comenzó su ministerio y estableció contacto con los isleños, los caníbales paganos se acercaron a él con una pregunta. Ellos habían observado al triste misionero mientras que guardaba vigilia junto a la tumba de su esposa, y ellos deseaban saber: « ¿Quiénes eran esos hombres que estaban con usted en la orilla?» Parece que mientras los caníbales asediaban el lugar, se mantuvieron a distancia porque el misionero estaba rodeado de guardias.

« ¿Quiénes eran esos hombres...?» Es posible que lo averigüemos en el cielo.

Mis amigas, la Biblia está repleta de promesas sobre la protección de Dios. Y está también repleta de incidentes que relatan cómo Dios protege a su pueblo cuando ellos se encuentran en la presencia de sus enemigos. Es tal como dice David, el autor del Salmo 23 y el escritor de las palabras en el versículo cinco que hablan sobre el momento en que estamos *en presencia de enemigos*: «El ángel del SEÑOR acampa en torno a los que le temen; a su lado está para librarlos» (Salmo 34.7). Por ejemplo...

Una de las más terribles experiencias de la Biblia nos muestra una situación imposible (*aparentemente* imposible, quiero decir) vivida por uno de los profetas de Dios. Eliseo y su siervo estaban rodeados de caballos y carros de combate y un destacamento grande de soldados que se habían acercado durante la noche para cercar la ciudad donde ellos se encontraban. Cuando el criado de Eliseo vio al enorme ejército armado, exclamó: « ¡Ay, mi señor!... ¿Qué vamos a hacer?»

Eliseo, un hombre de fe, le respondió con toda calma: «No tengas miedo. Los que están con nosotros son más que ellos».

Y luego, Eliseo oró: «SEÑOR, ábrele a Guiezi los ojos para que vea».

Y el Señor abrió los ojos del joven, y él vio; y la colina estaba llena de caballos y de carros de fuego alrededor de Eliseo (2 Reyes 6.13-17). ¡La protección de Dios rodeaba completamente a Eliseo!

Es verdad, queridas mías. Dios protege a su pueblo con su asombroso poder.

Ahora... regresemos a la situación en el Salmo 23...

La Situación

Antes de avanzar para disfrutar más de la protección que Dios nos ha prometido, deseo que recuerden la escena del Salmo 23, versículo cinco. En el último capítulo, observamos la amistad que disfrutamos con Dios. Nos maravillamos ante la suntuosa provisión de alimentos, aceite y vino. Y ahora notamos la situación extraordinaria en la cual se brinda su obsequio: ¡*en la presencia de nuestros enemigos*!

Recuerden también que esto fue escrito por David, un hombre cuya vida estaba repleta de huidas, temores, y dependencia de la hospitalidad de los demás. No sólo experimentó David los enemigos del desierto (bestias, calor insoportable, y falta de agua) sino que tuvo también enemigos de dos piernas: ladrones, guerreros, ejércitos, y gobernantes advenedizos. Sin embargo, en muchas ocasiones, David, como niño, como guerrero y como rey, se encontró cenando... en la presencia de sus enemigos.

La Escena

Debido a nuestro estilo de vida tan ajetreado de cenas tipo «te encuentro en el restaurante» y almuerzos al paso, nos es difícil visualizar la escena que nos describe esquemáticamente el salmista en el versículo cinco, una cena según la cultura del Medio Oriente, ¡por más que fuera en una tienda de campaña!

Una escena de cálida hospitalidad: Ya hemos considerado la abundante provisión de la mesa preparada y espléndidamente aderezada, el aceite para la unción, y la copa rebosante. No, repito, no nos podemos imaginar cómo era ser un invitado en esas épocas antiguas. Pero podemos leer en la Biblia el relato sobre Abraham y Sara apresurándose a escoger y preparar la mejor comida posible para sus tres huéspedes (Génesis 18). En aquellos días en que se viajaba a pie o montado sobre algún animal, y en esa tierra desértica, inexplorada, con temperaturas extremas de frío y calor, los viajeros dependían de las provisiones de los extraños para mantenerse con vida. Era la manera en que se vivía.

Reflexionando sobre las promesas de Dios

Espero que saque provecho de todos los libros sobre hospitalidad cristiana que hay a nuestra disposición. Espero que esté desarrollando un corazón deseoso de invitar gente a su casa—aquellos que usted conoce y aprecia, aquellos que viven a su alrededor, aquellos que usted no conoce, y aquellos que padecen necesidades. Suena poco espiritual, pero el nutrir un corazón hospitalario es una *elección*. No sé por qué razón, muchos piensan que es algo que sencillamente ocurre, que es parte de ser cristiano. Pero la verdad es que se trata de algo que debemos cultivar. De modo que le sugiero que comience el proceso.

Elija un momento para hacerlo.
Invite algunas personas.
Planifique un menú.
Involucre a toda la familia.
Prepare todo con anticipación.
Ore por el evento.
Sea fiel y llévelo a cabo.

Justo esta misma mañana, mi esposo Jim me anunció que el comité de misiones de nuestra iglesia (y Jim forma parte de ese comité) deseaba que cada miembro del comité acogiera una vez al mes en sus hogares a nuestros misioneros con licencia. Así que, Jim y yo nos sentamos con el calendario en la mano y escogimos las fechas y la hora. Además hablamos sobre un menú sencillo y factible y planeamos el programa de la velada: la hora de comienzo y de fin, cuándo servir la cena, y cuándo sentarnos a compartir y orar.

Querida mía, a medida que usted desarrolle un corazón hospitalario y abra su hogar a los demás, recibirá una doble bendición. No sólo serán bendecidos sus huéspedes... sino que usted también lo será.

Una escena de seguridad: Y ahora pasamos de la amistad a la protección (que es de lo que trata este capítulo). La hospitalidad del Medio Oriente es un sinónimo de protección, porque el ser el invitado de alguien significaba estar protegido... por lo menos durante la estadía en el interior de la casa del anfitrión. Por lo tanto, la cena, especialmente en la presencia de enemigos, indica una sensación de seguridad. ¿Por qué? Porque el anfitrión estaba obligado a proteger a sus huéspedes... a costa de todo.

Una escena particular de la Biblia nos muestra vívidamente este deber de proteger a nuestros huéspedes. El sobrino de Abraham, Lot, protegió a sus invitados en Génesis 19. En esta aterradora escena, Lot no sólo les sirvió a sus huéspedes un festín sino que también los protegió de la muchedumbre que asediaba a la puerta de su casa.

Otro evento ilustra este deber... pero a la inversa. Se trata de dos hermanos. Un hermano, Salomón, no había sido invitado al banquete celebrado por su hermano Adonías. ¿Por qué razón? Adonías planeaba asesinar a Salomón. Y bajo el código de hospitalidad oriental, Adonías se veía obligado a proteger a Salomón si éste venía a comer con él. Por consiguiente, Adonías no invitó a Salomón a su fiesta (1 Reyes 1).

Sí, ser un invitado implicaba recibir protección.

Una escena de victoria: Otra costumbre del Medio Oriente se ve retratada en las palabras de David al referirse a la cena *en la presencia de mis enemigos*. En la época de David, los enemigos que eran conquistados en la batalla se veían forzados a contemplar la celebración de la victoria. Algunas veces se encadenaba un prisionero a cada columna del palacio para que se «regalara» la vista con los festejos de la victoria. La escena transcurría de la siguiente manera: Los enemigos, presentes como cautivos, observaban de cerca y en forma personal a los vencedores que se deleitaban en el banquete mientras que los prisioneros de guerra no recibían nada.

Reflexionando sobre las promesas de Dios

Nuestros enemigos... ¡suspiro! He estado leyendo todos los Salmos una vez más. Y me golpeó nuevamente la noción de la gran cantidad de poemas de David que se centran en los combates con sus enemigos. Él gime ante Dios con palabras que lo expresan así: «Muchos son, SEÑOR, mis enemigos. ¿Hasta cuándo cambiarán mi gloria en vergüenza? ¡Líbrame de todos mis perseguidores! De lo contrario, me devorarán como leones; me despedazarán, y no habrá quien me libre. Ten compasión de mí, SEÑOR, mira cómo me afligen los que me odian» (véase Salmo 3, 4, 7, 9).

Nuestros enemigos... ¡suspiro nuevamente! Ellos parecen ser un hecho de la vida. Sin embargo, no los debemos odiar. No debemos luchar en su contra. No debemos temerles. No debemos inquietarnos ni preocuparnos por ellos. Y tampoco debemos envidiarles.

En cambio, debemos hacer lo que hizo David y *clamar ante Dios*. Debemos *orar por* ellos. Debemos orar *acerca de* ellos.

Y debemos también *contar con las promesas de Dios*. Él nos promete que hará que nuestra justicia resplandezca como el alba... no irritarnos con el éxito de los otros... (Salmo 37.6-7). Promete vengarnos. Y promete protegernos. Nuestro Dios soberano y todopoderoso controla el universo—y eso incluye el control de aquellos que son nuestros enemigos. Comparado con Dios, nuestros enemigos no tienen poder. Ellos no pueden frustrar el buen plan de Dios ni la protección y victoria que él ha prometido.

Sí, vivimos en medio de enemigos mortales. Y sí, ellos pueden hacer que nuestra vida sea miserable. Pero, querida mia, ¡ellos no pueden triunfar! ¡Jamás! Nosotras festejaremos protegidas en la presencia de nuestros enemigos—¡y a pesar de nuestros enemigos! ¡Es una promesa!

El Salvador Jehová-Nisi

La promesa de que nos protege porque somos su pueblo y de que provee para cada una de nuestras necesidades— ¡aun en la presencia de nuestros enemigos!—nos deja estupefactas. Y existe también otra razón por la cual no necesitamos preocuparnos jamás de la protección de Dios. Él nos protege como un salvador porque él es Jehová-nisi, que significa: «el SEÑOR es mi estandarte».

Como hemos observado en cuanto a los otros nombres de Dios mencionados en este libro, existe un antecedente maravilloso para este nombre también. Aparece por vez primera en el capítulo 17 del libro de Éxodo.

Todo comenzó cuando el pueblo de Dios caminaba por el desierto. Cuando los atacaron los amalecitas, su líder Moisés, entró en acción. Aquí se encuentra un breve resumen de la historia:

Primero, Moisés nombra a Josué para liderar a Israel a la batalla.

Segundo, Moisés le garantiza a Josué que él estará de pie en la cima de la colina con su cayado, la vara de Dios, en la mano. Mientras la vara de Moisés se mantenía en alto, la batalla se inclinaba a favor de los israelitas, y, al final, Josué ganó el encuentro.

Tercero, Moisés construyó un altar para celebrar la victoria de Israel y le puso por nombre *Jehová-nisi*, lo cual significa: «El SEÑOR es mi estandarte» (Éxodo 17.15).

El nombre que escogió Moisés, *Jehová-nisi*, revela la confianza de Israel de que Dios era el que les daba la victoria. Les ayudaba asimismo a recordar que debían congregarse alrededor de Dios como su estandarte durante futuras refriegas.

Porque un estandarte (también denominado bandera o enseña) era sencillamente un poste con un adorno brillante en la parte superior del mismo. Esta enseña brillaba y resplandecía en el sol. De hecho, la palabra en hebreo significa «brillar». Cuando los israelitas pelearon la batalla contra los amalecitas, el estandarte era la vara de Dios, el cayado de Moisés. Más adelante, en otra de sus crisis, Moisés hizo un emblema de bronce en forma de serpiente y lo puso sobre un asta. Todos los israelitas que eran mordidos por las serpientes, miraban a la serpiente de bronce y vivían (Números 21.9).

Con incidentes como estos, es fácil comprender cómo un «estandarte» o un emblema sobre un asta pasaron a significar un milagro. Una palabra del lenguaje militar que significó las causas y batallas de Dios, acarreaba una fuerte señal a los israelitas para que se agruparan alrededor de Dios. En nuestro lenguaje, podríamos decir: «Niños, reúnanse junto al poste de la bandera». En última instancia, era una señal de liberación y salvación, la señal de la protección de Dios.

La vara de Dios en las manos de Moisés aquel día victorioso se convirtió en el símbolo y promesa de la presencia de Dios y el poder de su pueblo *en la presencia de sus enemigos*. Moisés experimentó a *Jehová-nisi*, «El SEÑOR es mi estandarte», en la presencia de los enemigos de Israel.

También David, cuando escribe esas líneas en el Salmo 23, anticipa la victoria máxima y la liberación *en la presencia de sus enemigos,* porque se agrupa bajo el estandarte de la protección de Dios en su hogar como su huésped.

Reflexionando sobre las promesas de Dios

Le repito, querida mía, usted y yo no deberíamos preocuparnos jamás por la protección de Dios. Me gusta este gran ejemplo de fe en la protección de *Jehová-nisi* tomado de la vida de Martín Lutero. Cuando se dirigía a la presencia de un enemigo, el Cardenal que lo había convocado para que diera una respuesta sobre sus opiniones herejes, uno de los criados del Cardenal le preguntó a Lutero: « ¿Si sus patronos y protectores lo abandonan, adónde encontrará refugio?»

¿Cuál fue la respuesta de Lutero? « ¡Bajo el escudo del cielo!»

Alégrese, querida mía. Alégrese *siempre*... porque *Jehová-nisi* es su estandarte, su protector, quien la rescata, quien la libera, su escudo y su Salvador.

De manera que hagamos un repaso. Hemos sido testigos de la situación: *la presencia de enemigos*. Hemos experimentado la escena: la seguridad y protección de nuestro Anfitrión divino. Y hemos contemplado a nuestro Salvador: *Jehová-nisi*, el SEÑOR nuestro Estandarte. Ahora, ¿no piensan que estamos bien cuidadas y armadas bajo la protección de nuestro Dios? Por eso mismo...

Cuando enfrenten adversarios a lo largo de la vida, recuerden: la victoria máxima les pertenece a ustedes gracias al enorme poder de Dios... aun en la presencia de vuestros enemigos.

Cuando se reúnan bajo su nombre, *Jehová-nisi*, y levanten sus ojos hacia él y hacia su estandarte, recuerden: Ustedes están protegidas... aun en la presencia de vuestros enemigos.

Cuando ustedes, por fe, eleven a *Jehová-nisi* en vuestros corazones, recuerden: su liberación les pertenece... aun en la presencia de vuestros enemigos.

Queridas mías, si Dios está de nuestro lado, ¡qué importancia tiene quién esté en contra!

Ya he compartido anteriormente algunos versos de este himno: «*Like a River Glorious*» [Como un río glorioso], pero, al vernos desafiadas a confiar en la promesa de Dios de su protección, me parecen apropiadas aquí algunas de sus conmovedoras palabras.

Ocultos en la palma de su bendita mano,
Ningún enemigo nos perseguirá, ningún traidor prevalecerá...
Podemos confiar en que todo por nosotros lo hará—
Y aquellos que en él por entero confían,
Descubrirán qué él es verdad.[36]

11

La promesa de Dios de Esperanza

Ciertamente el bien y la misericordia
Me seguirán todos los días de mi vida.
SALMO 23.6 RVR60

Por la misericordia de Jehová no hemos sido consumidos,
Porque nunca decayeron sus misericordias.
Nuevas son cada mañana;
Grande es tu fidelidad.
LAMENTACIONES 3.22-23

... todos los ríos de bondad y de misericordia fluyen libremente de la fuente de Dios—del perdón, la protección, el apoyo, y la provisión del bien y la misericordia de Dios... y ellos no siguen con tanta certeza como el agua que brotó de la roca siguió a Israel...

Matthew Henry

¿No debería acaso el hecho de la promesa de esperanza de Dios encender una lumbre en nuestro corazón y instaurar una llama de esperanza gloriosa que haga que toda oscuridad y dudas sobre el futuro se desvanezcan? Es más, ustedes y yo encaramos lo desconocido con Lo Conocido—con el cuidado extenso de Dios, nuestro Pastor, quien es el mismo ayer, hoy, y para siempre.

Elizabeth George

Amigas mías, al ingresar al último versículo del Salmo 23, debemos hacer un giro en lo que respecta a nuestra fe. Como un barco que emprende un nuevo viaje, debemos dejar las orillas de lo familiar y de todo lo que sea perceptible... para navegar empujadas por los vientos de la fe hacia lo desconocido. Debemos centrar nuestra atención en las promesas de Dios que nos cuidarán en el futuro, y no concentrarnos en todo lo que sabemos que es cierto sobre los cuidados pasados y presentes de Dios. Va a ser un trayecto muy interesante: ¡un viaje de absoluta fe!

Pero antes de todo, deseo relatarles una historia sobre «La caja».

cierto día hace ya algunos años, me di cuenta de cuánto dependía de los demás (en este caso en particular, de mi esposo) en lo relacionado a mis necesidades financieras. Jim y yo estábamos sacando algunas cosas de nuestra oficina para poder realizar algunos arreglos estructurales (debido al daño causado por el terremoto). Cuando nos topamos con una pequeña caja de metal, tuve que detenerme. Su rótulo, escrito con un marcador negro sobre una tira de papel de cinta de enmascarar, decía simplemente: «Finanzas». Preguntándome qué sería, abrí el cerrojo y miré dentro de «La caja».

Lo que hallé dentro de esa pequeña caja gris me humilló... pero al mismo tiempo me proporcionó un gran estímulo. Allí adentro había una gran pila de recibos que había guardado durante décadas como prueba de los pagos que había estado haciendo fielmente Jim a nuestros planes de jubilación y pensión. Allí estaban los documentos que verificaban sus contribuciones a las pólizas de seguro médico y de vida y a su cuenta de seguridad social. Jim ya proveía todo lo que yo necesitaba a diario. Pero gracias a los que se encontraba adentro de «La caja», sus cuidados se extenderían al futuro. (Como les dije anteriormente, la experiencia fue tanto humillante como reconfortante.)

Ahora, amigas mías, estén casadas o solteras, sean jóvenes o viejas, el versículo seis del Salmo 23 es como «La caja». Es la clara promesa a ustedes y a mí de la provisión de Dios para el futuro: *Ciertamente el bien y la misericordia me seguirán todos los días de mi vida.* Las personas pueden trazar planes y soñar de qué manera nos cuidarán... pero Dios puede cuidarnos y así lo hará, todos los días. ¡Él hará la tarea! ¡Es una promesa!

Mirando Hacia Atrás... Y Hacia Arriba

Lancemos una breve mirada hacia el principio del Salmo del Pastor... y una mirada también hacia arriba. Estoy segura de que todas ustedes disfrutan las celebraciones del Día de la Independencia. Conocen bien la emoción de las brillantes explosiones y estruendos y chisporroteos de los fuegos artificiales en el cielo. Bueno, mirando hacia atrás, hacia todas las promesas que nos hace Dios en el Salmo 23, es como mirar un espectáculo de fuegos artificiales.

En el versículo 1 - Dios nos promete sus cuidados y provisiones.

El SEÑOR es mi pastor, nada me falta.

En el versículo 2 - Dios nos promete sabiduría y pan cotidiano.

En verdes pastos me hace descansar. Junto a tranquilas aguas me conduce.

En el versículo 3 - Dios nos promete su guía y restauración.

Me infunde nuevas fuerzas. Me guía por sendas de justicia por amor a su nombre.

En el versículo 4 - Dios nos promete su compañía y aliento.

Aun si voy por valles tenebrosos, no temo peligro alguno porque tú estás a mi lado; tu vara de pastor me reconforta.

En el versículo 5 - Dios nos promete seguridad, alegría y comunión.

Dispones ante mí un banquete en presencia de mis enemigos. Has ungido con perfume mi cabeza; has llenado mi copa a rebosar.

Esta extensión de las promesas de Dios nos ayuda a ver con toda claridad que Dios cuida de cada una de nuestras necesidades de cada día a lo largo de toda nuestra vida. Lo ha hecho en el pasado, y lo hace en el presente.

Sin embargo, David, el autor de nuestro salmo, agrega un elemento nuevo de esperanza con una mirada hacia arriba: *La bondad y el amor me seguirán todos los días de mi vida; y en la casa del Señor habitaré para siempre*. De repente, nuestro caminar con Dios, nuestro Pastor, experimenta un cambio... del tiempo presente (*es, me hace, me guía, me infunde, tú estás a mi lado, me reconforta*)... al tiempo futuro (*me seguirán, habitaré*). Y súbitamente nos damos cuenta de que Dios planea y promete cuidar cada una de nuestras necesidades en el futuro también. ¡Para siempre!

Reflexionando sobre las promesas de Dios

Antes de pasar de la experiencia a la fe en nuestra próxima sección, deseo pasar de «La caja» a «El Libro». Una caja de metal oxidado llena de papeles viejos y arrugados es una cosa. Pero, mi querida amiga, «El Libro», la Palabra viva de Dios, su Biblia, es otra. Cuando se trata de las promesas para el futuro, «La caja» llena de papeles de compañías de seguros y de bienes raíces puede darnos una cierta tranquilidad a los largo del sendero de la vida. Pero las promesas hechas en «El Libro» nos llevarán por toda la vida, y más allá aún.

¿Sabía usted que se calcula que la cantidad de promesas en la Biblia oscila entre 8.810 a 30.000?[37] Mientras que aquellos a quienes les fueron realizadas estas promesas son a veces individuos específicos, aún queda una cantidad inmensurable de promesas que van directamente del corazón de Dios al nuestro. Por consiguiente, asegúrese de estudiar minuciosamente aquello que se encuentra en «El Libro» (y no aquello que se encuentra dentro de «La caja»). Familiarícese con todas las palabras de la Biblia. Maneje y toque y cuente cada una de las imponderables promesas de esperanza. Trátelas como si fueran perlas, piedras preciosas, gemas que nos enriquecen. Guárdelas como tesoros, pero al mismo tiempo, lúzcalas con frecuencia. Memorícelas y hágalas suyas.

Como se maravilla uno de sus traductores: «Por medio de su poder y esplendor, Dios nos ha otorgado sus promesas, preciosas y magníficas, que van más allá de todo» (2 Pedro 1.4).[38] Y, como descubrió el rey Salomón para su propio bien y el nuestro: «No ha dejado de cumplir ni una sola de las gratas promesas que hizo» (1 Reyes 8.56).

Yendo de la experiencia a la fe

¡Ciertamente! David comienza el versículo seis (RVR60) con un profundo «ciertamente» (y me gusta pensar que va acompañado de una larga serie de signos de exclamación). Él también está mirando

hacia atrás, hacia todo lo que Dios ha hecho y provisto para él en el pasado, y hacia cómo Dios se ha ocupado de sus necesidades diarias a medida que surgían a lo largo de su camino...

... y con la palabra «ciertamente», David realiza un giro de 180 grados, mira de frente a su futuro incierto, y declara con toda confianza: «Ciertamente el bien y la misericordia me seguirán todos los días de mi vida». Con esta afirmación, David pasa de la experiencia a la fe. Él sabe que se encuentra bajo la protección de Dios. Su cabeza está ungida con aceite perfumado. Cada una de sus necesidades está satisfecha. Con la fe y la confianza que emergen de las lecciones del pasado, David siente que cada momento de su vida futura está colmado de las más ricas bendiciones de Dios, también. *¡Ciertamente!*

Así como nos lo recuerda el antiguo himno, Dios nos da «fortaleza para hoy y una esperanza resplandeciente para mañana».[39] Bueno, mis queridas amigas, la *esperanza* es el tema del versículo seis, la esperanza para nuestro mañana. ¡Y para todos los días de nuestra vida!

Reflexionando sobre las promesas de Dios

... todos nuestros mañanas. Al hacer aquí una pausa y atrevernos a echarle una mirada al túnel del tiempo, nuestro futuro, ¿están su corazón y su mente colmados de esperanza o de temor? Nuestra tendencia natural es temer lo desconocido. Por lo general nos moleta todo lo que no sabemos y no comprendemos.

Cuando observamos...

Nuestros bienes (¿Habrá algún otro terremoto fuerte, u otro huracán, o más inundaciones, tormentas de nieve, o cortes de luz este año?)

Nuestras familias (¿Tomarán mis hijos y/o nietos decisiones sabias? ¿Seguirán a Cristo?)

Nuestras finanzas (¿Tendré un empleo, seguiré trabajando? ¿Tengo suficiente dinero para mi jubilación? ¿Perderá mi esposo su empleo? ¿Perderé a mi esposo?)

Nuestra salud (¿Revelará el próximo estudio que tengo cáncer... yo, o mi esposo? ¿Nos sobrevendrá alguna enfermedad debilitante? ¿Tendremos muchos años de sufrimiento y dolor?)

Nuestra muerte (¿Qué la ocasionará? ¿Cómo será? ¿Y qué ocurrirá con mi familia?)

... podemos fácilmente preguntarnos: « ¿Existe alguna esperanza?»

Pero, oh, mi querida amiga, ¡ése es exactamente el momento en que su preciosa promesa de esperanza acude a nuestro rescate! No sólo puede declarar David con toda confianza: *Ciertamente el bien y la misericordia me seguirán todos los días de mi vida*, sino que usted, como la hija preciosa de Dios, lo puede hacer también.

Si usted no está segura, haga un inventario. ¿La ha pastoreado fiel y exitosamente el Señor en el pasado? ¡Por supuesto que sí! ¿Y la pastoreará fiel y exitosamente en el futuro? ¡Claro que sí! (O, como afirma David, *¡ciertamente!*) ¿Y no debería encender la promesa de Dios una lumbre en su corazón y crear una hoguera de esperanza gloriosa que disipa toda oscuridad y duda sobre el futuro? Usted y yo enfrentamos sin duda lo desconocido con lo Conocido, con el cuidado extendido de Dios, nuestro Pastor, quien es el mismo ayer, hoy y para siempre.

No hay ninguna necesidad de que usted, como una de las preciosas ovejas de Dios y como parte de su pueblo especial, pierda jamás la esperanza. ¡Oh no! Como su hija, usted tiene su bondad prometida y su misericordia prometida... ¡todos los días de su vida!

Siete Razones Para Tener Esperanza En El Futuro – Primera Parte

Cuando Jim y yo nos mudamos de Oklahoma a California, interrumpimos nuestro viaje hacia el oeste en automóvil para tomarnos medio día para ir a visitar el Gran Cañón del Colorado. ¡Oh, qué maravilla! ¡Qué vista!

Bueno, ustedes saben qué es lo que se hace cuando uno está en un Parque Nacional: damos una vuelta, nos detenemos, miramos, y tomamos una fotografía. Y eso es lo que hicimos. Manejamos por el borde del cañón, deteniéndonos en cada lugar donde hubiera una linda vista del enorme cañón. Cada vez, estacionábamos el automóvil, nos bajábamos de él, y hacíamos una pequeña caminata hasta llegar al pequeño atalaya. Sacábamos la cámara fotográfica y Jim tomaba otra fotografía más del cañón, pero con un ángulo diferente a la anterior. Seguíamos manejando, repitiendo la misma rutina de detenernos, caminar y tomar la fotografía todo a lo largo del borde del cañón.

Bueno, ésa es la manera en que deseo que observemos el versículo seis. Aquí tenemos siete tomas, siete características, siete ángulos, siete puntos de vista diferentes del mismo versículo. Observaremos cuatro de ellos aquí y reservaremos los últimos tres para el próximo capítulo. Pienso que encontraremos muchas razones para justificar nuestra confianza y esperanza para el futuro. De modo que prepárense para una bendición aún mayor que un banquete provisto de comida, aceite y una copa rebosante. ¡Prepárense para la bondad y la misericordia del Señor!

1. La constante bondad de Dios

Aun cuando hayamos visto, probado y testificado la bondad de Dios durante cinco versículos (y diez capítulos de este libro), lo que vemos aquí en nuestra primera mirada a nuestro futuro esperanzado es la *bondad* de Dios: «Ciertamente el *bien*... me seguirá[n] todos los días de mi vida». ¿Y qué es la bondad de Dios? Es la suma total de todos sus atributos. Cuando Moisés pidió ver la gloria de Dios, Dios le respondió: «Yo haré pasar todo mi bien delante de tu rostro» (Éxodo 33.19 RVR60, énfasis añadido de la autora). Como lo señala otro Salmo favorito: «Porque el SEÑOR es bueno» (Salmo 100.5).

La bondad de Dios nos seguirá y nos acompañará por el resto de nuestra vida.

2. La constante misericordia de Dios

Nuestra próxima parada en nuestra gira por el versículo seis es para observar la esperanza de la misericordia de Dios, la cual nos seguirá todos los días de nuestra vida. «Ciertamente... la *misericordia* me seguirá[n] todos los días de mi vida». *Misericordia* es la palabra que utiliza David para el tierno amor de Dios. Y su uso en el mundo de la antigüedad significaba amor que fluye, no debido a un sentido del deber, sino a partir de una profunda emoción. La *misericordia* expresaba el amor inquebrantable de Dios, aun hacia aquellos que no lo merecían y no eran dignos de él.

Reflexionando sobre las promesas de Dios

La vida de Rajab, una mujer de la Biblia, nos ofrece una de las apariciones más dramáticas de Dios, destacando la luz de su misericordia contra un fondo oscuro de acciones pecaminosas. Rajab era una mujer que se merecía el desprecio y la condena de Dios y de su pueblo. Es que Rajab era una mujerzuela, una prostituta. Sin embargo, ella había escuchado hablar sobre Dios, sintió temor ante él, ayudó a esconder a sus espías, y los ayudó a escapar la muerte. Cuando los espías del ejército de Israel corrieron para salvar su vida, ellos le prometieron a esta querida mujer que había arriesgado su vida que tanto ella como su familia no morirían cuando ellos vinieran a conquistar la tierra (Josué 2).

¿Se merecía esta pecadora la vida? ¿Se merecía esta mujer que había quebrantado la santa Ley de Dios aunque más no fuera una gota de la gracia de Dios? ¿Se merecía esta mujerzuela algún tratamiento o consideración especial por parte de Dios y su pueblo?

No.

Y, mi amiga, ¡nosotras tampoco! Eso mismo es lo que hace que la historia de Rajab sea tan hermosa y conmovedora. Dios dice: «No hay nadie que haga lo bueno, ¡no hay uno solo!... pues todos han pecado y están privados de la gloria de Dios... [y] la paga del pecado es muerte» (Romanos 3.12, 23; 6.23).

Sin embargo, Dios... en su gran misericordia... extendió su compasión a la pecadora Rajab, quien no era digna de ella ni se la merecía. En su compasión y su gracia, él la salvó a ella junto con su familia, haciendo que su oscura vida y su pasado pecaminoso se convirtieran en una exquisita exposición de fe esplendorosa.

Mi preciosa lectora, ¿es usted hija de Dios? ¿Ha usted admitido sus pecados frente al Dios santo? ¿Y le ha pedido a él misericordia y perdón? Puede usted clamar junto con el recaudador de impuestos de Lucas 18.13: « ¡Oh Dios, ten compasión de mí, que soy pecador!» Si es así, usted tiene la promesa y la esperanza de la compasión de Dios... que *ciertamente* la seguirá todos los días de su vida. ¡He aquí la compasión y la misericordia del Señor!

3. La constante persecución de Dios

Es probable que ni ustedes ni yo tengamos los conocimientos y el vocabulario necesarios para comprender temas y referencias militares. Pero el escritor del Salmo 23 era un guerrero. David sabía todo lo relacionado con ejércitos y fuerzas militares y batallas y guerras. Y aquí, en el versículo seis, lo encontramos a David escarbando en su talego militar de palabras y escogiendo una palabra militar para describir la promesa de Dios de que nos cuidará todos los días de nuestra vida. David escribe: «Ciertamente el bien y la misericordia me *seguirán* todos los días de mi vida».

Lo que el poeta está describiendo con la palabra «seguirán» es una imagen de persecución, de alguien que es perseguido sin descanso. La mayor parte de la vida adulta de David transcurrió en medio de persecuciones por parte de sus enemigos y por los enemigos de Dios. Y ahora David utiliza este término en una manera más positiva, comunicándonos que la bondad y la misericordia de Dios nos perseguirán y nos «acosarán» todos los días de nuestra vida, tal como sucedió con él.

4. La constante presencia de Dios

Antes de finalizar este capítulo, tomemos una «foto instantánea» más durante nuestro viaje por el increíble versículo seis del Salmo 23. y esa fotografía es de la esperanza que deberíamos experimentar gracias a la presencia continua del Señor. David dice: «Ciertamente el bien y la misericordia me seguirán *todos los días de mi vida*».

Al meditar David en la bondad y la misericordia de Dios, él les da una personalidad, una presencia, a cada uno de ellos. Se los imagina como persiguiéndonos, haciéndonos sombra, atendiéndonos, acosándonos, y garantizándonos que no importa lo que ocurra en nuestra vida, hoy, mañana, o en todos los hoy que sigan a los mañanas, la misericordia y el amor de Dios estarán allí también. ¡Ellos estarán *siempre* allí! No, nada podrá jamás separarnos de la bondad y la misericordia de Dios.

Reflexionando sobre las promesas de Dios

Existen muchos ejemplos de lo que pueden representar para nosotros estos dos atributos de Dios, su bondad y su misericordia. Pero esta imagen y este lenguaje fueron los que más me gustaron.

Estos dos ángeles de Dios: Bondad y Misericordia, seguirán y acamparán alrededor del peregrino. Las alas blancas de estos mensajeros del pacto no estarán nunca lejos de la criatura que viaja, y el aire estará a menudo

> saturado de la música de su venida, y sus armas celestiales relucirán a su alrededor durante toda la lucha, y sus cálidos brazos lo alzarán para atravesar todo camino escarpado, y finalmente, para llevarlo a lo alto, hacia el trono.[40]

Éstas son bellísimas palabras de consuelo, ¿no les parece? Pero, queridas mías, con o sin estas imágenes emotivas, tenemos la promesa segura de la presencia de la bondad y la misericordia de Dios... todos los días de nuestra vida. La vida está compuesta por «días», y Dios estará allí al amanecer, al mediodía, al atardecer, y durante toda la noche oscura de cada uno de esos «días». Cuando necesitemos su fuerza para la labor diaria, Dios estará allí, extendiéndonos toda su bondad y su misericordia. Cuando necesitemos su apoyo durante las pruebas de la vida, cuando nuestros verdes pastos se conviertan en un oscuro valle de muerte, entonces también podremos aferrarnos a la esperanza de la promesa de la bondad y la misericordia de Dios. Y cuando llegue el momento de cruzar el umbral de lo desconocido, y entrar a «la casa del SEÑOR», la bondad y la misericordia de Dios nos escoltarán y seguirán allí también. *¡Ciertamente!*

Qué maravillosa promesa de esperanza.

Y ahora... *miremos* aunque sea a través del umbral de lo desconocido, a «la casa del SEÑOR». Continuemos leyendo...

12

La promesa de Dios de Un Hogar

Y en la casa del SEÑOR habitaré para siempre.
SALMO 23.6

En el hogar de mi padre hay muchas viviendas;
si no fuera así, ya se lo habría dicho a ustedes.
Voy a prepararles un lugar. Y si me voy y se lo
preparo, vendré para llevármelos conmigo.
JUAN 14.2-3

Los cuidados de Dios a lo largo del camino y su promesa de cuidarnos todos los días de nuestra vida son como fuegos artificiales: emocionantes, excitantes y brillantes. ¿Pero un hogar en el cielo? ¿Un hogar eterno? Un lugar en la casa del Señor... ¿para siempre? ¡*Eso* es como mirar al cielo en llamas después que se ha disipado el resplandor de los fuegos artificiales!

Elizabeth George

En el capítulo anterior mencioné el espectáculo de los fuegos artificiales que tantas personas disfrutan durante el Día de la Independencia. Los finales de esas costosas exhibiciones son emocionantes, ¿no les parece? Pero mejor aún es ese momento maravilloso que antecede el final, cuando el humo de la pólvora que enciende los espléndidos ramilletes y estruendos ensordecedores se desvanece y vemos el sólido esplendor de los cielos. Oh sí, los fuegos artificiales son apasionantes... pero son algo momentáneo y fabricado por el hombre. ¿Pero los cielos? ¿La luna y las estrellas creadas por Dios? ¡Oh! ¡Los cielos declaran su gloria! Son la obra revelada de las manos de Dios (Salmo 19.1). Son estables y reales, no simples explosiones fuertes y emanaciones de humo.

Y, querida mía, en este versículo final del Salmo 23, David aparta nuestra mirada de esta vida—que la Biblia denomina «una bocanada de humo», «una niebla que aparece por un momento y luego se desvanece» (Santiago 4.14). Él fuerza nuestra mirada hacia arriba, al cielo, mientras que declara: «*Y en la casa del Señor habitaré para siempre*». Y, de repente, cuando habla de nuestro hogar eterno en la casa del Señor, las cosas de este mundo comienzan a oscurecerse a medida que se nos permite echar una mirada a la gloria del cielo.

Bueno, amigas mías, los cuidados de Dios a lo largo del camino y su promesa de cuidarnos todos los días de nuestra vida son como fuegos artificiales: emocionantes, excitantes y brillantes. ¿Pero un hogar en el cielo? ¿Un hogar eterno? Un lugar en la casa del Señor... ¿para siempre? ¡*Eso* es como mirar al cielo en llamas después que se ha disipado el resplandor de los fuegos artificiales! Por favor entiendan, la promesa de Dios de un hogar eterno es una promesa eterna... ¡y es la promesa más deslumbrante de todas!

Siete Razones Para Tener Esperanza En El Futuro – Segunda parte

Y ahora, adelante... ¡y hacia arriba! Terminemos la «gira fotográfica» que comenzamos en nuestro último capítulo en las profundidades cavernosas del Salmo 23.6. Hasta este momento, en nuestra gira de las «Siete razones para tener esperanza en el futuro», hemos visto éstas en el Salmo 23, versículo 6:

1) La constante *bondad* de Dios
2) La constante *misericordia* de Dios
3) La constante *persecución* de Dios
4) La constante *presencia* de Dios

Habiendo sido escoltadas a lo largo de todos los días de nuestra vida por la bondad y la misericordia de Dios, su persecución y presencia, llegamos finalmente a la casa del Padre. Por fin entramos en nuestra morada ete,rna. ¡Estamos por fin en casa!

5. La adoración eterna

¡Ah, cuánto anhelaba David—el pastor, el guerrero y el fugitivo—estar junto a Dios! El *morar* con Dios *en la casa del Señor* era su deseo supremo. Él deseaba mucho más que ser un mero invitado en una tienda de campaña en el camino. Él ambicionaba «habitar» con Dios y ser su huésped eterno, no un simple conocido o visitante durante una breve estadía. No, David deseaba vivir con Dios. Él deseaba permanecer con él. Él deseaba experimentar toda la alegría y los placeres perpetuos de la presencia del Señor.

¿Y cómo será habitar en la casa del Señor para siempre? Será adorar al Señor de esa casa... para siempre. Así como los levitas (quienes tenían asignada la tarea de servir al Señor en su santuario) consideraban que los atrios del Señor eran su verdadero hogar, David también había establecido su mente y su corazón allí... porque de esa manera él estaría en la casa del Señor para siempre... adonde él adoraría al Señor por siempre jamás.

Reflexionando sobre las promesas de Dios

Querida mía, en el Salmo 23, David se expresa a sí mismo y sus pensamientos. Las palabras son claves, y las palabras que David escoge aquí en el versículo seis comunican una adoración pura. Él se comunica desde su corazón al nuestro y nos dice qué es lo más importante para él. David, el poeta, nos hacer saber exactamente qué es lo que consume su corazón y su alma y su mente... y es el Señor. De hecho, él está preocupado *con* Dios. Su pasión es *por* Dios. Su atención está centrada *en* Dios. Y su mirada está siempre dirigida a lo alto... hacia ese lugar donde habitará algún día con Dios y lo adorará para siempre.

La mirada de David hacia lo alto produjo el Salmo Veintitrés, «la Perla de los Salmos». Nosotras sabemos definitivamente dónde se encontraba fija su mirada. Pero, querida mía, una pregunta mejor sería: « ¿Adónde se encuentra fija *su* mirada?» ¿Y qué está produciendo?

¡Descubrí que las reflexiones de este escritor se parecían un poco demasiado a las mías! Su «mirada» produjo...

El Canal Veintitrés

La televisión es mi pastor. Mi crecimiento espiritual me falta. Me hace sentarme y no hacer nada por amor a su nombre, porque todo lo que requiere es mi tiempo libre. Evita que haga mis tareas como cristiana, porque presenta tantos buenos programas que debo mirar.

Me infunde conocimientos sobre las cosas del mundo, y evita que estudie la Palabra de Dios. Me guía para que no asista a los cultos vespertinos de la iglesia, y no haga nada en el reino de Dios.

Si, aunque viva cien años, continuaré mirando la televisión mientras ésta funcione, porque es mi compañera más cercana.

Sus sonidos e imágenes me reconfortan.

Dispone ante mí entretenimiento y evita que haga cosas importantes con mi familia. Me llena la cabeza de ideas que difieren de aquellas en la Palabra de Dios.

Ciertamente, nada bueno saldrá de mi vida porque he desperdiciado tantas horas, y habitaré en mis pesares y arrepentimiento para siempre.[41]

Como le pregunté anteriormente, ¿adónde se encuentra fija *su* mirada, amiga mía? ¿Sobre qué habla? ¿Dónde mora su corazón? ¿Cuál es su placer más grande? La próxima vez que descubra que está hablando sin parar sobre un programa de televisión, o sobre las noticias del día, o sobre la última «charla» de un programa de entrevistas, recuerde... ¡se puede ver lo que alberga su corazón! *Apague* el canal veintitrés... y en cambio ¡adore! Entonces se hallará expresando alabanzas como lo hizo David mientas pensaba en el Señor... y lo adoraba.

6. El hogar eterno

El hogar. *La casa del Señor.* El concepto de una casa y de un hogar tiene un profundo efecto emocional en el corazón de todo ser viviente. Pero tratemos de imaginarnos lo que significaba para David. David, el pastor, conocía todos los detalles de la vida nómada. Los pastores vivían yendo de un lado a otro toda la vida, generalmente armando sus tiendas y luego moviéndolas mientras que pastoreaban a sus ovejas. El tener una casa y un hogar era por lo general un sueño que no se le cumplía a un pastor.

Toda la vida de David había sido un constante peregrinaje, un viaje de regreso al hogar. Había viajado por muchas praderas y muchos valles de muerte. Había tenido su cuota de tormentas y adversarios. Y Dios, el Pastor, nunca lo había dejado de cuidar.

Pero David estaba preparado para finalizar su ajetreado viaje. ¡Estaba listo para irse a casa!

¿Qué quiso decir David por medio de la frase «la casa del SEÑOR»? Sabemos que no puede haber sido el templo en Jerusalén, porque éste no había sido aún construido. Y no era la casa que David deseaba construir para el Señor, porque él utilizó la palabra «para siempre» y ninguna casa fabricada por los hombres perdura para siempre.

No, era algo mucho más grande que una casa o un templo. ¡Era otra *vida*! Era un hogar eterno. Era una comunión eterna con Jehová más allá de la muerte. David era un rey—y un rey muy poderoso. Y David poseía riquezas y placeres terrenales. Pero estos placeres mundanales no se podían comparar con el placer eterno de estar en casa en la casa del Señor... con el Señor de la casa... para siempre.

Reflexionando sobre las promesas de Dios

Recuerdo muy bien cómo luchaba yo con mis emociones cuando se graduó nuestra hija Katherine de la universidad y nos dijo que deseaba vivir en un apartamento con un grupo de compañeras de la universidad. « *¿Por qué?*» ¡Yo lidiaba! « *¿Por qué puede desear vivir con un grupo de muchachas cuando su casa se encuentra a tan sólo ocho minutos de allí? ¿Qué tiene de malo nuestro hogar?*»

Pero Katherine tenía 22 años de edad y su mudanza parecía ser el próximo paso obvio en su vida. Así que se fue a un medio ambiente que terminó siendo toda una bendición: aprendió a cocinar para las demás muchachas en forma regular, a mantener su sección del apartamento limpia, a decorar su parte del dormitorio con sus pequeñas cosas bonitas, y a llevarse bien con las demás a diario.

Sin embargo, nunca podré olvidarme de las palabras que pronunció Katherine el día que se mudó nuevamente a nuestra casa para prepararse para su boda. Se hundió en el sofá con un suspiro y exhaló: «Mamá, está bien allá fuera, ¡pero no es mi *hogar*!»

Pienso, querida mía, que el sentimiento de Katherine es lo que nos está diciendo David: «Está todo bien allá fuera (en el mundo, en el lugar de trabajo, en las amistades, en nuestras experiencias, en el manejo de los desafíos)... ¡pero no es nuestro *hogar*!» Todos anhelamos «no ser más un extraño o un huésped, sino como un hijo en el hogar».[42] ¡Y eso es lo que nuestro hogar eterno significa para nosotras! Deseo que nuestro corazón refleje siempre esta verdad mientras que reflexionamos con esperanza en la promesa de nuestro hogar eterno, en habitar en la casa del Señor para siempre.

7. La presencia eterna

No hay ninguna duda de que David traspasó algunas barreras cuando escribió la frase: «E*n la casa del* S*EÑOR* *habitaré para siempre*».

Extendiendo su corazón hacia Dios, cuya presencia eterna tanto anhelaba disfrutar, David se extendió y palpó una verdad aún más sublime. Como alguien ha notado: «... existía algo que estaba más allá del atardecer y el lucero de la noche».[43] Había una presencia eterna. ¡Estaba Dios!

Así como David, ustedes y yo poseemos ciertas condiciones en nuestra vida que hacen que la promesa de un hogar eterno en la presencia de Dios sea algo que ansiosamente aguardemos. Cuando sufrimos aquí en la tierra—lidiamos con el dolor, la aflicción, las privaciones, las persecuciones y la muerte—nosotras también anhelamos estar en la presencia eterna de Dios allí en la casa del Señor... *para siempre*, lo cual, literalmente, significa «por largos días». Nuestras pruebas terrenales hacen que la promesa del cielo sea aún más dulce.

Mis queridas, ¿qué nos aguarda allí? ¿Qué experimentaremos cuando crucemos el umbral entre la tierra y el cielo? El escritor del libro del Apocalipsis nos dice que Dios estará allí. Y que él mismo «enjugará toda lágrima de los ojos. Ya no habrá muerte, ni llanto, ni lamento ni dolor, porque las primeras cosas han dejado de existir» (21.4).

¡Imagínense! No habrá lágrimas, ni llanto, ni tristeza, ni enemigos, ni pruebas, ni aflicción, ni dolor emocional, ni dolor físico, ni tendremos que deambular sin rumbo alguno, ni escalar, ni caminar por largos senderos, ni vadear por la vida. Todo lo que ahora sufrimos será quitado... para siempre. Y todo lo que anhelamos recibir, nos será provisto... para siempre. ¡Qué gloria! ¡Qué paz! ¡Ah, qué existencia la de morar delante de la presencia eterna del Señor!

Reflexionando sobre las promesas de Dios

El famoso predicador D. L. Moody meditó sin duda durante mucho tiempo sobre nuestro ingreso ante la presencia de Dios. Él hizo estas anotaciones en el margen de su Biblia junto al Salmo 23:

Por una breve pena, tendremos gozo eterno.
Por un poco de hambre, un banquete eterno.
Por una pequeña enfermedad y aflicción, salud y salvación perdurables.
Por una breve esclavitud, libertad infinita.
Por nuestra desgracia, gloria.
Por entornos malignos, los elegidos.
Por las tentaciones de Satanás, el consuelo de Dios.[44]

Yo sé que nuestros corazones están hambrientos de la promesa del cielo también. Anhelamos adorar al Señor... para siempre; estar en casa con él... para siempre; y disfrutar de su presencia... para siempre.

De modo que, ¿porqué no comenzamos a adorarlo y a disfrutar de su presencia aquí y ahora? ¿En la tierra? ¿Hoy... y cada día? Yo sé que estamos muy ocupadas. Toda mujer lo está. Y también sé que estamos bombardeadas por distracciones y responsabilidades. Pero, como lo decidió David: «A Jehová he puesto siempre delante de mí» (Salmo 16.8 RVR60).

¿Y qué significa poner al Señor siempre delante de nosotras? Continúen leyendo...

Reflexionando sobre las promesas de Dios

Hace ya algún tiempo, leí sobre una líder de jóvenes de una iglesia que llevó a su grupo de jóvenes de excursión al Museo de Arte Huntington en Pasadena, California, para ver los tesoros de bellas artes que se exhiben allí. Cuando llegaron, ella los llevó, en forma adrede, a toda prisa de una habitación a otra, de una pintura a otra, de una exhibición a otra. Estaba decidida a que su grupo lo viera todo. Pero cada vez que ella zigzagueaba por el museo a las corridas, alcanzaba a ver una habitación en particular, donde un caballero se encontraba sentado en un banco frente a una de las pinturas. Mientras que ella y su grupo corrían de un lado a otro por el enorme museo, este señor nunca se movió del mismo lugar. Él permaneció sentado en ese banco todo el tiempo, bebiendo la gloria de una obra de arte.

Una vez que hubo logrado su cometido de visitar todo el museo y sus jardines legendarios, la líder de la iglesia salió a las carreras del museo para abordar, junto con su grupo, el autobús que los estaba esperando. Y, por supuesto, cuando dejaron el gran hall, ella pudo ver al señor nuevamente. ¡Estaba todavía allí! Mientras que el autobús iba a los tumbos de regreso a casa después de un día agotador, ella pensó en ese hombre. Sí, concluyó, su forma de hacer las cosas era indudablemente mejor. Admitiendo que ella apenas si podía recordar lo que había visto en su visita tan agitada, sólo podía imaginarse lo que este hombre desconocido se estaría llevando a casa con él: los colores, los detalles, el conocimiento, el tesoro, la apreciación, la comprensión, los sentimientos de una sola obra de arte.

Mis queridas, ¿por qué no hacemos lo que hizo este hombre tan sabio? ¿Por qué no apartamos el ajetreo y el bullicio de la vida por lo menos una vez por día, y ponemos al Señor delante de nosotras? (O, como declara un traductor: «Tengo siempre presente lo Eterno delante de mí».) ¿Por qué no apartamos las *muchas cosas* de la vida y disfrutamos la *Única Cosa*? ¿Por qué no escogemos sentarnos y empaparnos de su belleza, su esencia, su majestad, sus promesas y su gloria... *ahora*? ¿... *hoy mismo*?

Queridas mías, cuando ustedes y yo tomamos la decisión diaria de poner al Señor siempre delante de nosotras, podremos unirnos al escritor que anhelaba el hogar prometido y que escribió la canción emotiva del Salmo 84:

¡Cuán hermosas son tus moradas,
Señor Todopoderoso!
Anhelo con el alma los atrios del Señor;
Casi agonizo por estar en ellos.
Con el corazón, con todo el cuerpo,
Canto alegre al Dios de la vida.
(Salmo 84.1-2)

Una reflexión final sobre las promesas de Dios

Un salmo. Seis versículos. Doce promesas. Un poco más de cien palabras. ¡Todo verdaderamente asombroso! Ruego que ustedes piensen mucho en todo lo que Dios es y en todo lo que él promete—y hace—por ustedes. A ustedes, mis queridas compañeras de viaje, nunca les faltará nada... ¡jamás!

Y ahora, antes de abandonar estas sagradas palabras, deseo compartir con ustedes una de mis historias favorita de pastores sobre el Salmo 23. Parece ser que una noche, en una reunión de iglesia, el pastor les pidió a los visitantes que se pusieran de pie y se presentaran a los demás. El primero en ponerse de pie, dio su nombre y mencionó que era un actor.

Pensando rápidamente, el pastor preguntó:

— ¿Conoce usted el Salmo 23?

—Bueno, sí —respondió el actor con una sonrisa.

— ¿Le importaría recitarlo delante de nuestra congregación?

— ¡Me encantaría! —contestó el hombre con entusiasmo.

Poniéndose de pie en su lugar, el artista se dio vuelta, reconoció a su audiencia, se aclaró la garganta, hizo una pausa, y luego se lanzó a una recitación perfecta y elocuente del familiar salmo.

Cuando finalizó, la gente en la iglesia irrumpió en un caluroso aplauso. ¡Era perfecto! ¡Y qué expresión!

Antes de que el pastor pasara al siguiente visitante, le agradeció al actor y le dijo:

— ¡Es obvio que usted conoce muy bien el Salmo 23!

El siguiente caballero que se presentó a los demás como un visitante era un señor de edad avanzada, doblado por la vejez, quien comentó que era un predicador jubilado.

— ¡Ah! ¡Entonces estoy seguro de que usted también conoce al Salmo 23! —exclamó el pastor—. ¿Por qué no comparte su recitación con nuestra gente?

Con mucha dificultad, el anciano de Dios se levantó de su asiento, giró, y con una voz ronca, añeja y algo temblorosa, comenzó. Lentamente articuló cada palabra de su amado salmo. Más de una vez tuvo que detenerse y luchar por contener las lágrimas. Cuando finalmente terminó y se hundió en su asiento, sólo se escuchaba el sonido de llantos apagados mientras que todos permanecían sentados, demasiado aturdidos como para moverse o responder.

Secándose los ojos con el pañuelo y tratando de hallar su voz, el pastor de la iglesia habló quedamente: «Y usted, señor, es obvio que usted lo conoce bien al Pastor».

Una oración final por ustedes

Al separarnos e irnos cada una por su lado, mis queridas amigas, mi oración es que ustedes no sean ahora mujeres que sólo conocen al Salmo 23 bien después que lo hemos repasado juntas, sino que ustedes sean también mujeres que lo conocen al Señor vuestro pastor. Que ustedes no sólo aprecien la poesía y las imágenes y los sentimientos expresados en el Salmo 23, sino que puedan creer y experimentar abundantemente las ricas promesas de Dios para ustedes en cada una de vuestras circunstancias y épocas de la vida. Como nos lo recuerda este poema:

> Dios está delante de mí, él será mi guía;
> Dios está detrás de mí, ningún mal podrá aquejarme;
> Dios está junto a mí, para reconfortarme y animarme;
> Dios está a mi alrededor, ¿por qué entonces temer?[45]

Ruego que ustedes sepan bien y reconozcan con total y absoluta confianza que «el Señor es mi Pastor».

Notas

Las promesas de Dios para usted

[1] A. Naismith: *1200 Notes, Quotes, and Anecdotes* (London: Pickering & Inglis Ltd., 1975), 163.

[2] Ray y Anne Ortlund: *The Best Half of Life* (Glendale, CA: Regal Books, 1976), 88.

[3] Carole Mayhall: *From the Heart of a Woman* (Colorado Springs: NavPress, 1976), 10-11.

Capítulo 1: La promesa de Dios de cuidado

[4] Del himno "Come, Thou Fount of Every Blessing" de Robert Robinson.

[5] Arnold A. Dallimore: *Susanna Wesley, the Mother of John and Charles Wesley* (Grand Rapids, MI: Baker Book House, 1994), 15.

Capítulo 2: La promesa de Dios de provisión

[6] www.cbaonline.org/voice/back_list_main.htm—5/24/99.

[7] A. Naismith: *A Treasury of Notes, Quotes, and Anecdotes* (Grand Rapids, MI: Baker Book House, 1976), 216.

[8] Curtis Vaughan, gen. ed.: *The Old Testament Books of Poetry from 26 Translations* (Grand Rapids, MI: Zondervan Bible Publishers, 1973), 189.

[9] G. Campbell Morgan: *Life Applications from Every Chapter of the Bible* (Grand Rapids, MI: Fleming H. Revell, 1994), 159.

Capítulo 3: La promesa de Dios de descanso

[10] Albert M. Wells, Sr., ed.: *Inspiring Quotations—Contemporary & Classical* (Nashville: Thomas Nelson Publishers, 1988), 15.

[11] "Seven Minutes with God" del ministerio de Navigators, Colorado Springs, CO.

[12] Wells: *Inspiring Quotations*, 17.

[13] W. G. Bowen: *Why! The Shepherd!* (c / o Mavis Bowen, Dansey Road, RD2, Rotorua, Nth Island, N. Z.), 30-31.

[14] Vaughan: *The Old Testament Books of Poetry, 189.*

Capítulo 4: La promesa de Dios de paz

[15] Del himno "Like a River Glorious" por Frances R. Havergal.

[16] Del himno "Where He Leads Me" por E. W. Blandy y John S. Norris.

Capítulo 5: La promesa de Dios de sanación

[17] Información de Bowen: *Why! The Shepherd!*, 50-51.

[18] Ibídem, 52.

[19] Ibídem, 55.

[20] H. Edwin Young: *The Lord Is…* (Nashville: Broadman Press, 1981), 36.

Capítulo 6: La promesa de Dios de guía

[21] Elizabeth George: *Beautiful in God's Eyes—The Treasures of the Proverbs 31 Woman* (Eugene, OR: Harvest House Publishers, 1998), 205.

[22] Robert Alden: *Psalms—Songs of Devotion,* Vol. 1 (Chicago: Moody Press, 1974), 60.

Capítulo 7: La promesa de Dios de presencia

[23] Carole C. Carlson: *Corrie ten Boom: Her Life, Her Faith* (Old Tappan, NJ: Fleming H. Revell, 1983), 219.

[24] Mrs. Charles E. Cowman: *Streams in the Desert*, Vol. 2 (Grand Rapids, MI: Zondervan Publishing House, 1966), 34.

[25] Fuente desconocida.

[26] John Charles Pollock: *Hudson Taylor and Maria* (New York: McGraw-Hill, 1962), 206.

[27] Fuente desconocida.

[28] Mrs. Howard Taylor: *John and Betty Stam—A Store of Triumph* (Chicago: Moody Press, 1982), 80.

[29] Adaptado de la canción "Finally Home", autor desconocido.

[30] Cowman: *Streams in the Desert*, Vol. 1 (Grand Rapids, MI: Zondervan Publishing House, 1965), 52.

Capítulo 8: La promesa de Dios de aliento

[31] Herbert Lockyer: *All the Divine Names and Titles in the Bible* (Grand Rapids, MI: Zondervan Publishing House, 1980), 10.

[32] F. B. Meyer, fuente desconocida.
[33] J. Allen Blair: *Living Reliantly—A Devotional Study of the 23rd Psalm* (Neptune, NJ: Loiseaux Brothers, 1980), 83.

Capítulo 9: La promesa de Dios de amistad
[34] Naismith: *1200 Notes, Quotes, and Anecdotes*, 48.
[35] M. R. DeHaan y Henry G. Bosch: *Our Daily Bread*, citando a H. W. Baker (Grand Rapids, MI: Zondervan Publishing House, 1982), 26 de enero.

Capítulo 10: La promesa de Dios de protección
[36] Del himno: "Like a River Glorious" por Frances R. Havergal.

Capítulo 11: La promesa de Dios de esperanza
[37] Herbert Lockyer: *All the Promises of the Bible* (Grand Rapids, MI: Zondervan Publishing House, 1962), 10.
[38] Curtis Vaughan, ed. gen.: *The New Testament from 26 Translations—The New English Bible* (Grand Rapids, MI: Zondervan Publishing House, 1967), 1161.
[39] Del himno "Great is Thy Faithfulness" por Thomas O. Chisholm.
[40] Alexander Maclaren: *Exposition of Holy Scripture, Psalms* (Grand Rapids, MI: Baker Book House, 1982), 103.

Capítulo 12: La promesa de Dios de un hogar
[41] Paul Lee Tan: *Encyclopedia of 7,700 Illustrations* (Winona Lake, IN: BMH Books, 1979), 1442-43.
[42] Letra de una canción, fuente desconocida.
[43] Blaiklock: *Commentary on the Psalms,* Vol. 1 (Philadelphia: A. J. Holman Company, 1977), 63.
[44] D. L. Moody: *Notes from My Bible and Thoughts from My Library* (Grand Rapids, MI: Baker Book House, 1979), 66.

Una reflexión final sobre las promesas de Dios
[45] Fuente desconocida.

Bibiografia

Alden, Robert. *Psalms—Songs of Devotion Vol. 1.* Chicago, IL: Moody Press, 1974.

Arthur, Kay. *Lord, I Want to Know You.* Sisters, OR: Multnomah Books, 1992.

Blaiklock, E. M. *Commentary ore the Psalms, Vol. 1.* Philadelphia, PA: A. J. Holman, Company, 1977.

Blair, J. Allen. *Living Reliantly—A Devotional Study of the 23rd Psalm.* Neptune, NJ: Loizeaux Brothers, 1980.

Bowen, Walter Godfrey. *Why! the Shepherd!* (c/o Mavis Bowen, Dansey Rd., RI-)2, Rotorua, Nth Island, NZ).

Briscoe, Stuart. *What Works Where Life Doesn't. Wheaton*, IL: Victor Books, 1976.

Cole, C. Donald. *Thirsting for God.* Wheaton, IL: Cross-way Books, 1986.

Davis, John J. *The Perfect Shepherd.* Grand Rapids, MI: Baker Book House, 1979.

Jamieson, Robert, A. R. Fausset, and David Brown. *Commentary on the Whole Bible.*
Grand Rapids, MI: Zondervan Publishing House, 1973.

Keller, Phillip. *A Shepherd hooks at Psalm 23.* Grand Rapids, MI: Zondervan Publishing
House, 1979.

Kidner, Derek. *The Tyndale Old Testament Commentaries—Psalms 1-72.* Downers
Grove, lL: InterVarsity Press, 1973.

Lewis, C. S. *Reflections on the Psalms*. New York: Harcourt Brace & Company, 1958.

Lockyer Herbert. *All the Divine Names and Titles in the Bible*. Grand Rapids, MI:
Zondervan Publishing House, 1980.

MacArthur, John. *The MacArthur Study Bible*. Nashville, TN: Word Bibles, 1997.

Meyer, F. B. *The Shepherd Psalm*. Fort Washington, PA: Christian Literature Crusade, 1973.

Pfeiffer, Charles F., and Everett F. Harrison. *The Wycliffe Bible Commentary*. Chicago: Moody Press, 1973.
Roper, David. *Psalm 23: The Song of 'a Passionate Heart*. Grand Rapids, MI: Discovery House Publishers, 1994.

Slemming C. W. *He Leadeth Me*. Ft. Washington, PA: Christian Literature Crusade, 1977.

Spence, H. 1y. M., and Joseph S. Exell. *The Pulpit Commentary Vol. 8*. Grand Rapids, MI: William B. Eerdmans Publishing Company, 1977.

Spurgeon, C. H. *The Treasury o f David, Vol. 1*. Grand Rapids, MI: Zondervan, Publishing House, 1950.

Stevenson, Herbert F. *Titles of the Triune God*. Old Tappan, NJ: Fleeting H. Revell. Company, 1956.

Stone, Nathan J. *Names of God*. Chicago, IL: Moody Press, 1944.

Unger, Merrill F. *Unger's Bible Dictionary*. Chicago, IL: Moody Press, 1972.

Wiersbe, Warren W. *Classic Sermons on the Names of God*. Grand Rapids, MI: Kregel Publications, 1993.

Young, H. Edwin. *The Lord Is...* Nashville, TN: Broadman Press, 1981.